せんせぇー なんなア… 呼んだだけな

私たちの学びの場から

平沢義郎

人文書館
Liberal Arts Publishing House

はじめに　生徒ひとりひとりの中へ

〝せんせぇー　なんなァ。呼んだだけな。〟

この生徒と私との間で交わされた「せんせぇー」が、どれほど痛切な心の叫びであったことか。幼年期から少年期への転換のまっただ中にあって、「ボクたち気が変になったみたい。このままだと不良少年になってしまう。先生はボクのやっていることに気づいているのかな。ダメならダメと言ってくださいよ。」という重大な訴えであったことに後刻気がついたのです。

三〇人いれば三〇通りに、四〇人いれば四〇通りに、

「せんせぇー。ボクを、ワタシをちゃんと見ていてね！」

という声にならない心の叫びを聞くところから教育というもの、教えること、育むこと、学びあうことが始まるのであろうと考えています。

子どもたち、生徒たちは、己の成長を先生に託し、先生に期待するから学校へ行くのです。こ

の学校へ来た「ボク」と「ワタシ」をきちんと見ていて、うまく導いてくれると信じて、「せんせぇー」と呼びかけていると思います。

であれば、先生や親や世の大人たちは、子どもたちの、この呼びかけにしっかりと向き合い、まともに応えなくてはならないと思うのです。先生や親や世の中の都合だけを押し通したのでは、真の教育にはならないのではないだろうか。

「良し」としている教育方法の中にあっても、差別やいじめのもとになることが生じてはいないか。いじめや差別が発生したら、どう対応するかではなくて、「どこから発生するか、どうしたら発生しないようにできるか」を考えてみたいですね。

世の中じゅうのどの人も教育に無関係だなどという方はいないでしょう。ですから、どの人も教育を問い、答えを持っていることでしょう。私ひとりが答えを出して、世間に示すことができるなどというものではないでしょうね。

この書は、特別な教育法に挑んだ記録ではありません。ごく普通の教育の場で起こり得る出来事であり、私の狭い体験を記したものです。

日常のありふれた生徒と私との出来事を切りとって、「これは教育だろうか」と提示してみました。良しとしている常識の中に落し穴があるかもしれません。

どうか、この本が、皆さんと共に、「教育とは何か」を問うきっかけとなってほしいと心から願っています。

目次

はじめに　生徒ひとりひとりの中へ　1

第一の話　比較なしの〝一番〟――人間の尊厳をめざして
1　〝一番の世界〟――先生と生徒の心の通じ合いから
2　どの子もリーダー、どの子もフォロアー――リーダー論（その一）
3　先導する力・指導する力を学ぶ――リーダー論（その二）
4　頭の中はいつもタテ一列で
5　この子の人格の尊厳を第一に。
6　人が人を大事にする、人権を守り合う。
7　やれるだけのことをやればいいよ。――宿題について（その一）
8　明日の授業に、つなげられたら。――宿題について（その二）
9　日記も書けないずぼらな奴？――宿題について（その三）

第二の話　せんせぇ！　なんなァ。――豊かな人間性のために　29
1　心の叫びに耳を澄ます――先生の出番、親の出番
2　「オトモダチ」とするのは

3 オラア、水泳やらんでェ
4 本当のことを言っただけです！
5 勝つとか負けるとか
6 冬至の太陽さん
7 ボク、こんなに下かァ
8 四権分立。三権の隣に教育を。

第三の話 **プライドのかたまりの衆**——子どもとは何か 53
1 教わりたくない、マネビタイ
2 いい子ぶらなくていい、ありのままでいい
3 ボクが生まれたとき
4 オセンベイ、ヤケタカナ——四年生の世界
5 兄弟とは何だろう。そして兄姉・弟妹と比べられ。
6 忍者出現
7 じゃまだ、どけッ！
8 大粒の涙

第四の話 **楽しいから学校へ行く**——自ら学ぶ力とは 77
1 ぐずぐずを吹っきるには——勉強のコツ（その一 家庭学習で）

2　ペースに乗り、自己を堅持する——勉強のコツ（その二　教室で）
3　たかが鉛筆、されど鉛筆
4　ノートの使い方／わかる・覚えるために書く
5　ピーマンと思わず食べてしまえェ！——学校給食（その一）
6　小食《こしょく》（少食）な子もいる——学校給食（その二）
7　絵日記／タネのつかみ方
8　学習意欲のあるなし
9　学校へ行って、みんなと過ごしたい

第五の話　一斉にやって、ひとりずつ——授業のあり方は
1　一斉授業の虚——〝かわいいウウつの子があるからネ。ゴンちゃん。
2　さる・かに方式
3　目を使い、心を遣って
4　予告する／生徒が見通しを持てれば
5　早い子をどうする——自学自習の大切なことも
6　先生の考えを話してくれ！——授業構成のこと
7　どっと盛り上がるときもほしい
8　ふわふわ出歩く子がいたら

第六の話　**やり直しッ！　はない。——生徒指導のこと**　129

1　躾／いけないことは、いけない。
2　お掃除——繰り返しに耐える
3　いる物が取り出せる
4　ひとつ、嘘をつくまじ
5　みんなァ、静かにィと言ってはみたが。
6　やり直しッ！　は、ほどほどに。
7　なあに、何とかなるぞ！
8　不公平は許せない

第七の話　**ちょっと変なことが気になる——自己をつくってゆく**　153

1　よしよし。出せば合格
2　クラムボンは笑ったよ!?
3　人は人。されど仲よき。
4　音を楽しむ力
5　どうしたいと思っているの？
6　躾けるとは何？
7　心を示し合う。チョコ、いいじゃない。

第八の話　**勉強は野にも山にも**――家庭教育をめぐって　175
1　勉強のくせをつける
2　勉強は野にも山にも、遊びにも。
3　勉強の時間は勉強しかしない――夏休み（その一）
4　村いっぱいの子どもかな――夏休み（その二）
5　ウワァ、おばあちゃ、天才。
6　子育てに罰は似合わない
7　叱責はあるが罰はない

第九の話　**遊んでやれ、やれ！**――社会教育について　197
1　世の親父《おやじ》さんたちに――父親と子育て
2　PTAって、子どもは喜ぶよ。
3　バカになってやれ――集団訓練で培われる力とは
4　「目立ちたいの心」と「いじめ」と
5　〝ジコチュウ〟の快楽から人の痛みを知ること

第十の話　**せんせぇ、いてえか／うん。**――教師のあり方　213
1　先生の視線の先はどこ、子どもへの目線は。
2　よくなったようだと言い合いたい――個人懇談会

3 思いやりとやさしさと
4 ひげそりに、シャンプーに／社会見学で
5 先生だけがすべてではない
6 通知表――この子になりきって振り返る機会に
7 家庭連絡は、この子たちだ！
8 卒業式は、ひとつの終わりの始まり、次への出発です
おわりに　教育とは、子どもを大事に育てることなんでしょうね。

第一の話

比較なしの〝一番〟

――人間の尊厳をめざして

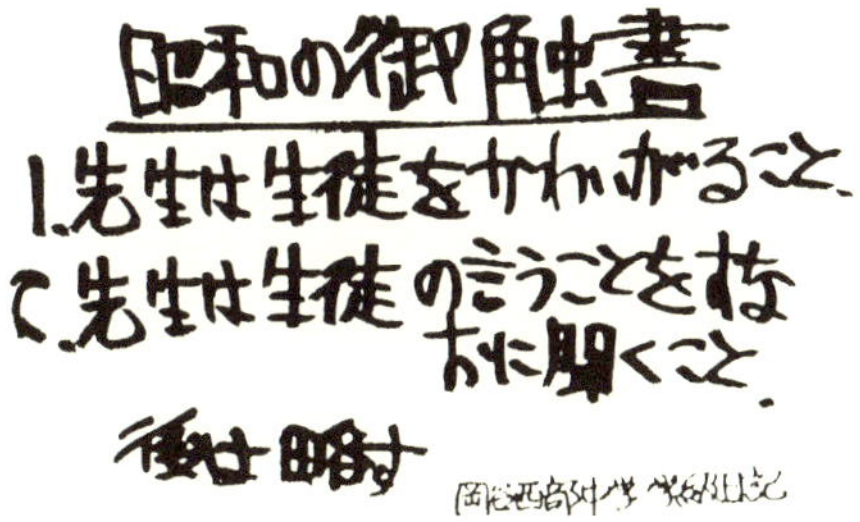
昭和の御触書
1.先生は生徒をかわいがること。
2.先生は生徒の言うことをすなおに聞くこと。
後は略す

慶安御触書を学習した日の
学級日記に挟みこまれた落書き

1 〝一番の世界〟——先生と生徒の心の通じ合いから

ボクが一番　小学校五、六年生のときに担任した宏敏君の結婚披露宴に招かれて祝辞をやらせてもらった。三番手だったので儀礼的な挨拶は後まわしにして、次のようにはじめた。

〝教室の子なら誰でも、自分が先生に一番可愛がられたいと思っている。この点で新郎宏敏君は、「ボクが先生に一番可愛がられた」と思っているにちがいない。斯《か》く言う担任である私も宏敏君が一番可愛かったのですから。この人なつこいユニークな人柄は、誰からも好かれ親しまれます。子どもの頃の『風越山《かざこしやま》（長野・飯田の名山）遠足の作文』にこんなところがあります。

——すごく寒かった。だけどここまで来たんだから頂上まで登りたいなあと思いました。頂上にはニつ頂上があって、どっちが頂上かなあと思って先生に聞いたら、頂上と書いたふだがあるほうが頂上だと教えてくれたので、なるほどと思った。

——こんな人をくった返答でも「教えてくれたのでなるほどと思った」などと作文にまで書いてくれる生徒なのですから、先生にとっては可愛らしくてたまりません。どれほど生徒と先生との心が通じ合っていたかわかります（笑）。云々……と。〟

お前が一番に　これといったとりえのない私が「学校のせんせい」と呼ばれてこられたのも「この子が一番」のところだけは、かろうじて外さなかったからではないかと思い返している。

いじめだ登校拒否だ学級崩壊だと世間を騒がせている原因の一つは、この〝比較なしの一番〟の境地がつかめないからではないか。

親や先生から、掛け値なしに「お前が一番」と愛され信頼され大事にされて育っておれば、めったなことにはならないのではないか。もちろん、「可愛がるとか大事にするとか言っても、子どもの言いなりになるとか甘やかすなどとは全く次元の異なった厳粛な世界のことである」が。

比較なしで　ここで言う一番とは、一番二番三番の一番ではない。その子と親、その子と先生とが一対一でつくりだす〝一番の世界〟のことである。

うちは一人っ子なのでいつも一番としてやっていると言うでしょうし、二人三人子持ちの親も、あの子が一番この子は二番などとは思っていないと言うでしょう。が、この〝一番の境界《きょうがい》〟（心の状態・境地）を覚悟することは、口で言うほどやさしいことではない。まして学校の先生にとっては、言うことをきく子ときかない子があるから、きかない子は可愛くないどころか憎くさえなる。四〇人もいるのだから、どの子もどの子も〝この子が一番〟などとやっていられないとするのが実情でしょう。

一人っ子の家ではお隣の誰ちゃんと比べるし、二人三人兄弟姉妹があれば、上の子はどうだが下の子はこれこれだと絶えず比べて見がちである。学校では、学習の出来不出来はもちろんのこと身体特徴から日常生活・行動のすべてにわたって、比較の材料には事欠かないし、隠しても隠しきれるものでもない。二人いれば上か下かがはっきりするし、三人集まれば上中下、四人で走れば一位から四位まで歴然とする。

順位はつく　一位とか二位とかの順位のはっきりする活動はやめるなどと言っていたら教育活動は成り立たない。「一番二番でも威張らない。三九番でも四〇番でもバカにされない」という人間をつくるよりほか、しょうがない。一番二番、三九番四〇番とは言っても何かある一つの価値で比べたことなのだ。人間の尊厳とは一つや二つの価値で比べたり計れたりするものではない。

とはいっても、忘れ物の多い子に「お前が一番可愛い」と簡単には思えないから苦しむところではある。しかし、忘れ物以外でこの子の良さ凄さを一つや二つ見つけることはそんなに苦労ではない。そして、この凄さ良さにまるごと惚れてしまえばいい。

2　どの子もリーダー、どの子もフォロアー——リーダー論（その一）

グルになって付き従う　幾人かがグルになってズルをしたりワルをしたとき、「やってはいけないと思わなかったか」と一人ひとりに問いただし反省を促す。「やりたかったもんで」という返事と、「誰ちゃんたちがやっていたもんで」という返事がくる。みんなでやれば怖くないのところも承知しながらも、「誰ちゃんが……」と答えた子には、「それで、自分はどうなんだ?」と食い下がる。

よいことでも悪いことでも、決定権は自分が持っていないと「自律」にはならない。人さまの決定に従っていると、自分に責任がふりかからないから気が楽なところがある。悪いほうを決定する奴はボスと呼ばれ、よいほうを決定する人はリーダーと呼ばれる。ボスやリーダーの決定に従えば、その場は波風が立たずにうまく治まる。そして、リーダーの決定に従い、互いに協力しないと、この世の暮らしは成り立たない。

リードする人　二人三人が寄って仕事をしようとすれば、必ずリードする人ができ、フォローする人ができる。リードする力のある人は、どの場面でも自ずと推されて（または自分から）、リーダーとなるので、リーダー力はますます強くなり、フォローする人は、どの場面でもフォロアーとなりやすい。大人の世界はこれでいい。互いに「自立」した上でのことだから。隷属は生じないので。

自主管理　教室の自治・自主管理に、この大人の世界でのリーダーを安易に取り込むと、とんだ間違いを起こすことになる。

低学年の教室には、口も八丁手も八丁、何をやらせても圧倒的によくできる子が一人や二人はいるものである。これらに、先生がロイヤルゼリーを与えて、強力なリーダーに育てることがあるようだ。ロイヤルゼリーとは、A君B子さんをクラスの模範生と位置づけ、「A君の言うことをきいてちゃんとやっていなさい。B子さんのこれを見習いなさい」と仕向ける。こうすると、多くの子は、リーダーの言に唯々諾々と従っていて（隷属）、自分で判断しなくなる。へたに自己判断で動くと、リーダーの指示に逆らうことになり、教室から浮き上がりかねない。

特定の子だけではいけない

リーダーとしての素質のある子（を発掘するのもリーダー養成の大事な一つとされているが）に、先生のお墨付きが与えられて、小さな第二第三の先生が誕生する。こうして自主管理体制ができあがると、実にお行儀のよいクラスが出現する。さらに、この特定のリーダーには次々と高度のリードの仕方を教え、その他の皆さんフォロアーには、いかにリーダーに従うことが集団向上につながるかを強要する（その上で、リーダーの指示の不合理さにはどう対応し、どう拒否するかも指導すればいいが、これは、えてして指導することはない）。「自立」した大人の集団ならこれでいい。ところが、「自立」をめざして教育を受けている最中の子どもたちの集まりでは、この手の自主規制は真の自律・自立の訓練にはなりにくい。まして、リーダーを特定の二、三の子に限定すれば、学校教育の大原則である「教育の機会均等」を無視した差別教育になりかねない（リーダーの規制管理面だけでなく、模範生として集団を善導する魅力も捨て難いことを承知した上での論である）。

どの子も訓練される

素質のある子をリーダーにするだけでなく、どの子にもリーダーの地位を与え、リーダーとして活動させる機会を与えないと不公平である。素質のあるなしにかかわらず、どの子にもリーダーの立場に立って活動することによって、リーダー性を開発するのが学校教育である。世の中へ出たとき、どの子も必要に応じてリーダーともなり、フォロアーともなれるようにしておかねばならない。

こんなことをすれば教室内の自治は成り立たない。学級が混乱し、治まらないのではないかとの心配をするむきもあるが、治まる・治まらないの次元の問題ではなく、一人ひとりにいかにして学力（この場合はリーダー力）をつけるかの問題である。

3　先導する力・指導する力を学ぶ――リーダー論（その二）

先導する人　学校へ一般社会人が講師として招かれて授業をしたり、一つの教室がまるごと校外へ出かけていって、地域の人たちと交流学習をしたりすることが盛んになってきている。そのような生徒を迎えたときのこと。

リーダーがいないのでしょう。ステージに並んで挨拶をするのにも、がやがやしていてちっとも始まらない。並ぶのにも時間がかかるし、号令をかける人もいないし、互いに何かささやき合っているだけで、どうにもならなくて、見ていて歯痒《はがゆ》かった。学校ではどうしているのだろうねえ――とのこと。

この場合は、格別なリーダーがいるとかいないにかかわらず、ここの行事活動の責任者とか、その日の当番とかが号令をかける、並び方は現場で決めます――と教室で打ち合わせをしてあればできることでしょう。校外活動に出かける前に打ち合わせがなかったとは考えられないから、担当者が何かの加減でその場に居合わせなかったのだろうと思われる。

立場　打ち合わせもなく、互いに知り合いでもない人が集まって、一つの集団として行動しなくてはならないときは、リーダーの素質を備えている人が自然発生的に皆のまとめ役をかって出てくれる。

村祭りの幟旗《のぼり》は一〇人、一五人が力を合わせないと柱が立たない。あっちを引っ張れ、こっちを持ち上げよ、こうやって縛りつけよと、長老とか経験者とかこうした作業に精通した人が次々と的確に先導してくれる。慣れない者にとってはまことに有難い。

多くの場合、日常の社会生活では、役職とか立場とかを決めておいて、これらの人が立場上、リーダーの役を演じて、みんなを先導する。たとえ素質のある人でも（多くの普通の人はもちろんのこと）出しゃばりだと見られたくないから、なるべく先に立たないように控える。できるからと先導しても、うまくいってあたりまえで、まずくいけば、みんなの非難を浴びることになる。これが怖いから、なるべく事なかれで控えめにしている。

機会均等　教室集団は人為的な集まりだから、自然発生的なリーダーを持ってはいけない。素質のある子だけをリーダーに仕立てると、善導もするがボス的な存在となり、取り巻きができたり外される子ができたりして、不明朗な人間関係になりやすい。

教育の機会均等という原則からも、どの子もどの子も不公平なく、リーダーとしてもフォロアーとしても養成され指導されなくてはならない。学業成績に関係なく、性質性格・指導力のあるなしに関係なく、リーダーの立場に立たされて、訓練されなくてはならない。何々係としての活動や、学級の当番などは、リーダー力を鍛えるのに格好の場である。

権力の座　始業の鐘が鳴って、当番の号令がかかったら、まず席に着け。号令をかけなかったら当番の怠慢、号令をかけても言うことをきかなかったら、聞かない奴がわるい。——と約束し合う。行きすぎや間違いがあれば、「帰りの会」（「朝の会」もある）で反省される。

誰ちゃんと誰ちゃんは、きょう、どこどこへ行くとき、並んでくださいと言っても並んでくれなかったので気をつけてください、とフォロアーのあり方が問われ、「そんなことを言ったって、並んで行くって先に言っといてくれなかったじゃあ」とリーダーのあり方が問われて、互いに「これからは気をつけます」となる。

当番の仕事は、人さまに命令し統括するだけでなく、奉仕することも重視する。窓の開け締め、机の整頓、ごみ拾いなど、皆さんが快適に暮らせるようにサービスをする。よくサービスをしていれば、人情の機微として、一見独善と思える命令でも皆さんは素直に従ってくれることも学んでいく。

クラスの中で権力の座が絶えず動いているので、誰がえらくて誰がえらくないの差別は出にくいはずなのだが。こうしたリーダー指導の工夫だけでは対等・平等の指導がすべてうまくいくというものでもない。横着・意地悪、いじめ、バカにし合うは学年発達に応じて、それなりのやり方で発生する。「人をバカにしても自分はえらくならないんだよ」は明けても暮れても具体の場で指導しつづけないと、人権の対等のところは学びにくい。

4　頭の中はいつもタテ一列で

タテ一列で出合う　今のように整備された道路でない頃。あまり行きたくはないが（行きたいときは別）遠距離を車で走らねばならないとき。崖崩れのある山あいの道とか、商店やら住宅やらが密集した信号機のあるごみごみした道とかが、パアーと頭に浮かんできて、胸苦しい思いになる。「ウワー、たまらんなア」と。

旅慣れない人が旅行前に緊張するのも、このように、旅での出来事が同時にいくつも起こると錯覚するからである。実際には、信号機のある道を走っているときには、崖道《がけみち》の危険には出くわしていない。崖道を走るときは崖道に対応しているだけで、信号機での道路のことを気にはしていない。

出くわすのは、うちからお隣のタバコ屋までの道であり、次はタバコ屋から酒屋までのごく平凡な道であり、次は酒屋から竹藪までの曲がり道である。車の走るにつれて、タテ一列に順に一つずつ平凡な道が迫ってくるだけで、信号機の道や崖道が同時に眼前に迫ってきて、対応しているのではない。

ヨコ一列で　登校拒否などで心の弱くなっている子どもなどの話を聞いていると、そのときその場で、一つひとつ対応していけばいいことを、友だちのこと学校の勉強のことなどが一遍に迫ってきて、「対応しきれない」と悲鳴を上げているのを感じる。

三〇名四〇名の子どもをヨコ一線に並ばせておいて、「みなさアーん」と言いつけて、一遍にやらせることは非常に効率がいい。何人いようとも一遍に片付くなんて凄いことである。このよさに酔い痴れると、学校とは一斉にやる所であり、一斉に動ける人間をつくることだと勘違いしてしまう。そこで一斉から外れる子は〝はみだし〟として罪悪視される。

一斉に言いつかっても、実際に動くのは一人ひとりの持ち味に応じて反応するのだから、速い遅いの差が出るのはあたりまえ。一斉に始めて一斉に終わろうとするところに無理がある。速い子は頭を抑えられ遅い子は尻を叩かれるのではうまくない。

先生に見せに来い　例えば算数の授業での一時間。はじめの二〇分間は一斉授業でやり、やり方がわかったところであとの二五分間は個別学習とする。

個人学習になったとき「できた人から持って来い」（先生に見せよ）とやれば、できた順にタテ一列の一対一の対応ができる。が、これだと、つまずいている子は先生に見てもらえない恐れがあるから、個人学習に入ったらすぐに、誰が出てきてもいいことにしておく。早めに先生に確かめたい子は、途中までやって出てくる。つまずいていればとび出してくる。全部できて合格になれば、次のやるべき課題を言いつける。どんどん先生のところへ出ていって、先生を利用したほうが得だとわかっているから、安心して自分の実力の限りを尽くしてくれる。

それでは次の一斉授業のスタートのとき不揃いで困るじゃないかとするむきもあるが、元来が不揃いなものだと決定《けつじょう》して（疑いないこととして）しまえばいいことで、一斉授業のスタートの時点は四〇名の頭の中は〝白紙の状態〟と決めてかかることのほうが間違いである。不揃いを承知の上でヨコ一列にして一斉に動かした後だから、なおのこと個別学習ではタテ一列（円環）に強引に持ち込んで、一対一で対応しなくてはならない。

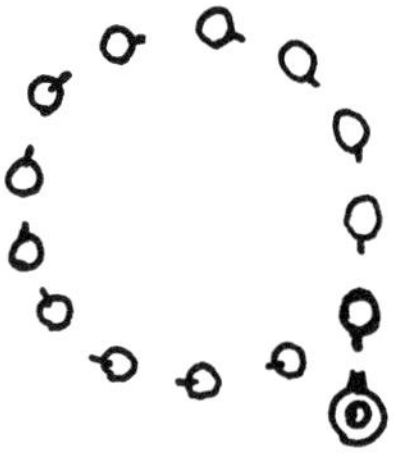

タテ一列で円環で

タテ一列で円環で

いかにして個性を尊重するかなどとむずかしく考えなくても、先生の頭は、生徒とタテ一列（円環）で対面するようになっていればいい。どの生徒とも不公平なく一対一に持ちこむには、生徒全員が一つの円環となっており、その円の一か所で先生と対決する構造であればいいわけだ。いつもは、「みなさん、何々をしなさい」とヨコ一列の「みなさん」でやりながら、その場の状況に応じて、一瞬一瞬で円環の一対一をやってきたように思う。

とかく心が弱ってくると、過去にうまくいかなかったことや、未来に起こりそうな困難な出来事がいっしょくたになって、同時に解決を迫られるとおびえてしまう。ところが活力に溢れているときは、どんな困難なことも時間の経過に従って一つひとつ対面し対応していけばいいことだからと割り切れる。「みなさん」と呼びかけているが、先生の頭の中は、いつでもタテ一列の円環になっていればよい。

5　この子の人格の尊厳を第一に。

教と育と　教育を教と育とに分けて考えることもする。授業をやっているとき「今は教なんだ」「今は育なんだ」と意識することで、やろうとしていることが明確となり自信を持って子どもたちと向き合えることがある。

教とは、教え込む、詰め込む、覚えさせるなど強制の意味合いが強い。それに比べて育のほうは、はぐくみそだてる、支援する、手助けする、考えさせる、自分からやらせるなど活動の主体はあくまでも子どものほうにある。

先生の側から言うと、教のほうは、相手の状況如何にかかわらず、教えるべきこと、伝承すべきことをがむしゃらに教え伝える。受け手がうまく享受していようがいまいがお構いなしでやる。育のほうは、相手の様子を見い見い、高い位置から引っ張り上げようとしたり、同じ位置で、二人三脚、肩を組んで歩いたり、低い位置に身を置いて、下から支えて伸びることができるようにしたりする。

生徒の側から見ると、教は、受け取る活動、育のほうは、受け取ったものを消化したり、自分なりに再構築したり、新しいものを創り出し生み出す活動、というふうにも解釈しておくとわかりやすい。

教わりたいように教える　授業をしていて、何人いようとも「みなさアーん」と映っているときは、こちらでやろうとしていること（教えたいこと）を教えたいように存分にやれる。しかし、一人また一人と目が合い顔が合ってしまうと「ああ、このことはわからないナ」「できなくて困っているナ」「もう飽きているなァ」と感じてしまい、伝達伝授しようとする意欲が削《そ》がれてしまう。そうなると、すぐに授業の形を変更するときもあるし、待ってくれ、あと五分経ったらお前さんが教わりたいように教えるからな……と心の中で掌《て》を合わせながら、猛然と押し通すときとがある。

この一人ひとりの思惑を感じすぎると、指導方針がゆれ動いてしまって頼りない授業になるし、感じすぎないと「あの先生は傲慢で自分勝手で、私たちの気持ちをわかってくれない」と反発されてしまう。

一定のレベル　中学一年生の英語がろくにできないのだから二年生の英語の授業に出ても無駄だ。小学校の算数がろくにできていないのだから、中学の数学などわかるわけはないし、教える価値がない。――とする考え方もうなずけないこともないが、これだけで押し通していいのだろうか。二ケタの引き算があやしくても、中学生としての日常の文章の読み書きに支障がなければ、連立方程式の授業も三角形の合同の授業も受けることはできる。**y＝ax** の数学の学としての意味がつかめなくても、形式的な操作ができれば、一応の答えは出せる。自動車学校は〝一定のレベル〟に達しないと卒業はできないが、義務教育の学校はちがう。

やるだけのことはやらせ、理解の如何にかかわらずズバリ点数がとれるように仕向けてやって「ボク（わたし）もやるだけのことはやったぞ」という充実感を持たせて卒業してもらうことだ。数学の教科書を教えるのか、教科書で教育をするのかの根本的な問いを折々に問い返しながら。

根底は育だ　教育はまた、知・徳・体で考えることもする。教は知識とすると、育は精神面だと見る。このことは、この頃の世間の荒れを、知識の詰め込みばかりやっていて、生徒の心を育てることをおろそかにしているからだとの批判や反省の言葉でもわかる。

知徳体はそれぞれ育が付いて、知育・徳育・体育と言われるように、何とかかんとか言っても教育の根底は「育」なのであろう。まず生徒ありきだ。人類の文化遺産としての知識を伝授し詰め込む「知育」の場面でも「知の教育」であるのだから、「教えてほしいように教える」がきちんと据《す》わっていることだ。まして、徳育・体育の場では、生徒から発して生徒本人へ還《かえ》っていかないと完結を見ない。

この子のために、どんなによかれと信じて指導に臨んでも、師弟関係・親子関係が信頼と尊敬で成り立っていないかぎり教育の成果は望めない。教えるとか指導とかの一番の根底に、この子の人格の尊厳の保障、教育の「育」のところが常に確立していなくてはならない。

6 人が人を大事にする、人権を守り合う。

ストーブ当番　五年のとき僕は重晴君と当番をしていた。ひなん訓練でみんなが行ってしまったので、当番がストーブを見ていた。僕と重晴君は教室を暖めようとしていた。ストーブに石炭をどんどん入れていた。そのうちに、だいぶ暖かくなったので教室の温度計を見ると一七度ぐらいだったのでもうやめようと思った。でも、もっと教室を暖めようと思った僕と重晴君は、おもしろがって石炭を入れはじめた。入れすぎて火が消えてしまうときがあるほど、たくさん入れた。時間がたつにつれてむんむんしてきて夏のような気温になってしまった。そのときドタドタと大きな足音とともに教室の戸があいて、平沢先生が「なんだこの暑さは。真夏なみの気温だぞ。ばかめ、早く窓を開けろ、これから気をつけてやれ」と言われたときは、僕は胸がドキドキし、これからは気をつけようと思った。(博行)

暖かくしておこうと　ピューピューと小雪の舞う寒い日の避難訓練で、みんなは寒さにふるえて帰ってくるから部屋を暖かくしておいてやろうと考えたにちがいない。普段から、みんなのために気を遣い体を使っている二人だから、じっとストーブに当たって見張りをしているぐらいの仕事ではつまらなかった。一方、先生のほうは避難訓練でピリピリしているところへ、安全確保のために残しておいた二人が、火わるさをしていたのだから、どんなにかびっくりし、いやらしく怒鳴り上げたにちがいない。
〝その罪を憎んでその人を憎まず〟などと言ってはいられない。怒るときには頭ごなしになり相手の人格や人間性など尊重してはいられない。たまたまこのストーブ事件は「気をつけようと思った」になっているが、大概はプライドを傷つけてしまうことが多いのではないか。

傷つける　四年のとき、当番で、時間がなかったときである。先生はぼくの書いた黒板の字がへただったのであたまにきたらしく、やりなおしと言った。そのとき、「時間がなかったからしょうがない」って言ってやりたかった。ほかの人の当番なんか書かないときだってあるじゃないか。それに、先生なんか当番やらないじゃないか。きらくでいいなと思った。それは、先生をバカにして言いたかった。先生なんかどうせできるわけがない。ぼくはちっともはんせいする気はなかった。ぎゃくに先生にもんくを言いたかった。ちくしょう。（正彦）

みんなといっしょに授業を受けていて、終了と同時に、皆さんの前に立って、帰りの会の進行をしなくてはならない。ほんのわずかの時間に明日の連絡を急いで書いて間に合わせた。どうだ！凄いだろう……と誇らしく思っていた矢先、いきなり、「やり直し！」では立つ瀬がない。「先生の言うことなぞ聞くものか」になる。これを見ているクラスの子どもたちは「ああ、あの人は先生に〝やり直し〟などとバカにされているのだから、私たちもあの人をバカにしてもいいんだね」と感じてしまう。いじめや差別の見本を先生や大人が子どもに示して教えているところがある。

こんな乱暴に書かれた字を許すくらいなら、書かせないほうがいい、生徒は先生の指示に黙って従うべきだの論も成り立つ。しかし、この場合、やっとの思いで書いた正彦君の気持ちをどんなふうにか認めた上で、書き直しを命じたとしても指導のチャンスを逸することはない。

頭ごなしに　詩を書いていく宿題で、必死になって鉛筆をなめなめ一字一字やっとの思いで書いて間に合わせたのに、みんなの見ている前で、「ふざけるな！　真面目にやれ」とビィーと赤線をノートに引かれた。もうそれきり宿題をやらなくなった。先生の言うことを聞かなくなった――というような話を耳にする。子どもを大事にし、いい子にしたい情熱を込めてやっていることなのだが、一歩間違うと、とんだ人権の冒瀆《ぼうとく》をしてしまうことになる。

とかく人間というものは誰でも、自分の思い通りにならないと「いじめられた、バカにされた」と被害者意識に陥りがちである。昔は、思い通りにならないのがあたりまえとして耐えられたのだろうが、今の世の中では、思う通りになるのがあたりまえ――となりがちだ。勉強が思うようにならない、テストの成績が思う通りにならないのは、先生が悪い親が悪い、自分よりいい成績の奴がいるのが悪い、みんなオレをバカにしている、いじめていると被害者意識に陥りやすい。被害者意識が強くなればば性質はねじれる。

人が人を大事にする、人権を互いに守り合うことはわかりすぎるほどわかってはいるが、平凡な毎日の生活の中で確実に実行していくことはむずかしい。

7　やれるだけのことをやればいいよ。——宿題について（その一）

言いつける苦しみ　「何しろ、二、三分でちょこちょこっとやってしまって、終わったと言ってテレビを見ていて困る。もっと時間のかかる宿題を出してほしい」という家があるかと思うと、「何か言いつけようとすると、すぐに宿題だ宿題だと逃げてしまって、うちのことがやれなくて困る。宿題もよし悪しですよ」という声もある。

宿題とは、生徒にとって最大の苦しみの一つであるが、先生にとっても、なかなか手強い課題である。あまりの苦しさに「宿題のない学校へ行きたいものだ」と思うこともあるほどだ。「先生が自分の責任でやることなのだから、いいようにやればいいじゃない」とも考えるのだが、学校の授業はいいようにやることができる面もあるが、こと宿題となると、生徒があり、うちの親たちがあり、世間の評判がありで、なかなかいいようにはできない。

明日の授業につながる　今日やった勉強のつづきで、明日の授業につながることで、この宿題をやることによって、「よし、あしたの授業ではこうするぞ！」と覚悟ができて、学校へ行きたくなるような宿題を言いつけたい。次にやるべき課題・やりたい問題を胸に宿すから生き甲斐が生じる。そうした『知識・技能を獲得していく楽しさ』・課題を宿《やど》させるようにするのが教育であり、宿題（題を宿す）でもある。

授業がうまくいっているときや、うまくやろうとしていいアイディアの浮かんだときには、ついうっかりやってしまいたくなるような宿題を言いつけることもあるが、そう毎日はいい知恵も浮かばない。それでも言いつけなくてはならない。そこで、いつ役に立つのか、実力になるのかならないのか、子ども自身でも手応えの得られないような、単純な作業学習を課すことになる。漢字練習とか計算ドリルとかの単純作業学習ももちろん大事であるが。

点検する時間の確保　どっちみち、宿題には、先生がついていなくてはできないような面倒な問題や、時間をかけて考えこまなくてはできないような内容は言いつけることはできない。単純な練習学習だから、短時間にさっさとすませる要領のよさも、宿題を言いつけるとき、いっしょに教えている。だから、ちょこちょこっと片付けることも大いに結構なことなのだが。

単純な学習の得意な子と、まるで苦手な子とがあるのでややこしいことになる。言いつけたかぎりは、やってきたかどうかを点検し指導しなくてはならない。授業に関係した内容なら、授業をしながら点検し、指導もできる。が、授業と直接関係しない練習学習は、授業の合間でどこか宿題調べの時間を設けなくてはならない。やってきた子のものを調べるのは簡単だが、やってない子の点検指導は、莫大な労力と時間がかかる。そんな時間は一日の決められた日課の中では、なかなか生み出せないので大変である。

できなんだら、どうする⁉　十一月のある日の「帰りの会」で、朝からの授業でだんだんと言いつかった宿題を当番が確かめていた。日記・あすの授業の予習・国語科「読書案内」の全文書き取り・社会科調べ……となった。「先生、勉強が多すぎてできなんだら、どうするの！」と鋭く詰問する声が上がった。やってこなんだら、怒る？　罰が出る？　ボクが怒られるのもかなわんが、誰かが怒られていても授業は進まんし、教室中が不愉快になるし。こんなにたくさん出さないほうがいいんだ、という痛切な訴えだ。

どのことにも、まともに真正面から取り組む彼のことだから、今晩これをこなしきるのは、みなさん、えらいことだぞと悲壮な訴えである。「そう？　多すぎて遊ぶひまがない？」とわざとそらしたら、「ううん、ひまはつくるけれど」との返事。なァんだ、それなら一安心だ。

うちへ帰って遊ぶひまもなく勉強されたのでは先生のほうが困ってしまう。宿題は今日だけのことではないのだから、今晩はやれるだけのことをやってくればいいよ。そうやたらに怒ったりしないから安心していていいよ。あすはあすでまた、いつものようにうまい具合に処理するから。要は、自分で「やるだけのことはやるさ」と決意し実行することとさ。

8　明日の授業に、つなげられたら。――宿題について（その二）

宿題の質のちがい　低学年のときは毎日必ずやる勉強が決まっていたのに、高学年になったら、いろいろなことをやったりやらなかったりしていて、これでいいのだろうか。

毎日必ずやる勉強として、読み書き計算の単純な作業訓練学習を課せればわかりやすい。低学年では、漢字を書いたり計算をしたりの単純作業でも、教室の授業に直結するので、宿題として言いつけやすい。ところが、高学年では単純な作業だけでは飽きてもいるし、やっていってもいかなくても、次の日の授業に関係がないから、やるだけの意義を感じなくなっている。

高学年生になると、低学年のときに比べて、何倍も何十倍も興味関心が広がり、行動範囲も広がるので、机に着いての単純な作業だけでは満足がいかない。今日、授業でやった理科実験の結果が不思議で、机に座ってもボウーと考えているかもしれない。社会科時事問題の宿題で、新聞やテレビをいつまでも見ているかもしれない。低学年の宿題は親が見てもわかるが、高学年の宿題は形が見えにくい。

差が生じる　高学年生でも、単純作業の宿題がとても得意で好きな子がある。一方で、嫌いで嫌いでからきしやらない子がある。言いつけたかぎりはやらせなくてはならない。毎日必ずとなると、必ずやってくる子と必ずやってこない子とができる。

見捨てる　うちに手紙をつけて親の協力を求めたり、クラスの仲間、グループの仲間の力を借りたり、まさか授業をサボらせてやらせるわけにはいかないから、放課後や休み時間などに強制する。が、毎日ともなると、叱りも協力も強制もそうそううまくいかなくなり、結局は見捨てることになりかねない。

努力とランク付け　単純作業学習は、努力をするか、しないかだけのことだから、やってこない奴は努力をしないダメ人間だと烙印を押される。授業につながらないので指導をしている時間もないし、指導といっても、よくやってある、まあまあ合格・いい加減なやり方でダメ、やってなくてダメと判定するだけ。その結果、クラスの中は、よくほめられる子、普通の子、少しだめな子、全くどうしようもない子と、教師の教育の及ばない世界で、画然としたランク付けが発生している。

さらに、クラスみんなの連帯責任だというような手立てをすれば、やれない子は、みんなに頭が上がらなくなる。ほめられる子の発言（人権）は重く取り扱われ、だめな子の発言は軽んじられる。人権無視が日常となる。

こうした宿題にかぎらず、学校というところは、同じことを一斉にやるところだから、できるできない・早い遅い・体が大きい小さい・男だ女だと絶えず差が目立ち、ランク付けがされやすくなっている。

威張りはない　うちでやってきた宿題が、今日の授業で取り上げられれば、画一的なランク付けをすることなく、価値の転換を計ってやれる。よく努力した者はほめられるのはもちろんとして、分量は少なくても急所を突いたものなら面目を施すこともある。やっていない子も、何がしかの負い目は感じているから、この負い目・真剣味をバネにして、授業のどこかの場面で活躍させることもできる。

それぞれの授業場面ごとに、それぞれの生活場面ごとに、ほめられる子が異なり、叱られる子が異なっていなくてはならない。「こんなこともできないのか！　こんなこともわからないのか！」

は、学校生活の日常だが、いつも決まった子でないように手を打つことが指導ということでしょう。そうすることで「ああどの人もほめられたり怒られたりして、私と同じ人間なんだ」が肚の底からわかっていける。

気が合う合わない、勉強ができるできない、努力をするしないなど、一つ一つは大事なことだが、このことで威張ったり貶《けな》したりしなくても暮らしていける人間になるために学校へ来ているのだ。人権尊重を言葉で教えられてもだめ。ありふれた日常の生活で、意図的に具体的に人権の尊重を教えられたり、教室内の雰囲気として無自覚的にも教えてもらわないと、自分を大事にし人も大事にする真髄は身につかない。

9 日記も書けないずぼらな奴?——宿題について(その三)

未提出な子　「今日の宿題は日記とドリル帳一ページ。」と言いつけることは、言いつけるほうも言いつかるほうもわかりやすくていい。やりたくなるようないい宿題やいい課題の見つからない日は、仕方なしにこういう宿題のいいつけ方をする。

日記をつけることなんて、寝たり起きたりご飯を食べたり、ごくごくあたりまえのこととして何の苦もなく、楽しんでできる人がいる。日記とドリルをやって、物凄く高尚な家庭学習ができたと、喜び勇んで学校へ来てくれる子がある。

その一方で、一字も書けない、一字も書かない子がある。ほかの宿題はできても日記の宿題はできない。日付と一行書けば合格なんだよと励ましても、未提出な子がある。

几帳面さの育成　毎日書くのって誰でも大変。そういう地道な努力をしている子をほめて、どうして悪いのかわからない。将来どんな仕事に就くにしろ、几帳面さはとても大事だと思われます。総じて仕事には、そうした能力が求められます。ですから、多少の抵抗は乗り越えさせることこそ教育なのではないでしょうか。人間として基本的な資質としてマジメさ几帳面さを、子どものうちに身につけさせないと、ちゃらんぽらんな人間が育ってしまうのではないかと思われます。（ある人の意見）

一年生で、字を覚えだした頃の宿題日記は、どの子も喜々としてやってくれる。ところが、興味関心が外に向かって拡散し、一刻も動きを止められないほどの行動力の旺盛な高学年生は、毎日毎日変わりばえのしない（と当人たちは思っている）日記を書くという行為にどれほどの意義を感じているのだろうか。

ほめたり叱ったり、書き方を指導したり几帳面さが大切だと意義を諭したり、やれるかぎりの手だてをしても乗ってこない子があるという事実から目をそらすことはできない。宿題として言いつけさえすれば、次の朝は全員提出があるとなっていれば、生身の人間が担任しなくてもいいのだが。

努力しないからいけない　どのことにしろ、一人の落伍者もなく全員がそろうのは、どんなに苦労なことか、教室を預かった人でないとわからないのかもしれない（預かっていても、気づかないふりをしているのかもしれない）。

提出されていれば認められ、未提出者は罰せられる。よくできていればほめられる。できる子をほめつづけるということは、できない子はバカにされつづけることだ。

書けるのに書く努力をしないからいけないと叱りだすと、日記は毎日のことだから、叱るぐらいでは納まらなくて、ダメ人間だと切り捨てるより手だてがなくなる。先生が切り捨ての態度を示せば、子どもたちは「あいつは見捨ててもいい奴」「こいつはほめられる奴」「私はどうでもいい奴」などと無自覚のうちに見事に差別が生じている。

漢字ドリル一〇問覚えられないのは努力が足りないからだ。五〇メートル走を一〇秒以内で走り込まないのは努力をしないからだ。と、修業過程には、どの場面にも努力がついてまわる。一等になれ、勝たないと価値がないことを目標にすると、発奮もするが、クラス四〇名の一人は成功感に浸れて、三九名は挫折感を味わうこととなる。

それぞれの価値　毎日コツコツ苦しい努力をしていれば、几帳面さは養われるでしょうし、大人になっても自分を生かす力になるでしょう。しかし、子どもの頃、日記も書けないようなずぼらな奴は、大人になっても役立たず人間になってしまうのだろうか。

そんなことはない。そんなことがあってたまるものか。日記の書けない・書かない時期があってもいいじゃないか。「そのかわり、これこれのことは必ず実行せよ」と、それぞれの子に自他ともに認められるような価値のあることを見つけてやる。このことは、毎日几帳面に日記を書くことの価値を否定することにはならない。

どんなにいいと思われることでも、強制しつづけると自ずとマイナスのことも生じる。何でもかでも、子どものうちに躾けなくてはの論も、浅薄さを免《まぬか》れないこともある。

第二の話

せんせぇ！　なんなァ。

——豊かな人間性のために

ボクたち、まだ遊び足らん！

1 心の叫びに耳を澄ます――先生の出番、親の出番

緊張がとけて　五月は、新年度の緊張がほぐれてきて、子どもも親も先生もほっと一息つくときである。

子どもはおそろしく気短かである。スタートと目標を短絡させて成果を求めたがる。子どもたちにとっての五月とは、新年度にあんなにすばらしい目標を立て、こんなに緊張して努力してきたのに成果が見えないし、あんなにドキドキした目標すら雲散霧消してしまったと感じ、（子どもたちは）「何だかむなしいなァ」に陥りやすい。

慣れてきて本音（地）が出てきたこともあるが、緊張してきた心の疲れや、身体自体も疲れてきている証拠である。こういうときこそ、先生や親の出番である。子どもだけにはまかせておけない。

四年生を担任した四月下旬か五月の頃（このクラスは三年終了でクラス替えがあり、仲間も担任も新しくて緊張した新年度）。下校時刻が間近いのに帰る気配もなく、教室の後ろの黒板のところで、何か見せ合ったり落書きをしたりして楽しんでいる四人の男の子がいる。大方の男の子はグラウンドでサッカーに興じている。「そうか、この連中はサッカーには入らないのだな」と生徒理解を深めつつある段階でのこと。

ボクのこと、ちゃんと見ていてね　下校間近いこの時間は教室は静かになる。たしか、この四人は放課後になると教室にカバンを置いたままですぐ姿が見えなくなり、つい先ほど、教室へ帰ってきたようだったがどこで何をしていたのかなあ……などと思いながら教卓で何かやっていると、その中の一人、発言も少ない控えめな子の声で、おそるおそる、

せんせぇ――と呼ばれた。

なんなァ――と返事はしたものの顔も上げずにいると、またその子が、

せんせぇ――なんなァ。

用があればそばへ来て言うはずだし、昨日もこんなことがあったなァ…と思っていると、さらに力のある声で、

せんせぇ――ときた。顔を起こして、なんなァ―何でも言ってごらん、やたらに怒りゃしないからという態度を示したら、

「うう……ん。ただ呼んだだけな」

「そうか、お前たち、まだ遊び足らんのか」と応じたら、居合わせた四人とも、両手を突き上げ踊り上がって、

「そうそう、ボクたち、まだ遊び足らん！」

と互いに主張し合い、確認し合っている。

自己拡大　低学年の枠もはずれて、いいこともよくないこともいっぱい冒険をし体験しながら

自己拡大を計らねばならない。ボクたちこんなに冒険してきたのだに。学校中をまわって探険してきたのだに。ホラ見てごらん。こんなに宝物があったんだから（折れ釘やら、コンクリートのかけらやらを見せ合って）。先生わかっとる？　怒りゃせんよな。ボクたちのこと、ちゃんと見ていてね……という心の叫びだ。

よしよし、やりたいようにやってごらん。まずいところだけは〝よせ〟と上手に教えてやるから。やたらに怒ったり怒鳴ったりしないから安心してやりたいようにやってごらん。

どんなに美味しいものでも毎日食べていれば飽きてくる。どんなにいい勉強の仕方も毎日繰り返しているといやになる。

たががはずれたほどに遊ばせる。マンネリ化した宿題やマンネリ化した緊張は一時中断する。「今日は宿題はなし。あしたは何々をするから忘れものをせず楽しみにして来い」「それでも日記を書かんとお母さんに怒られる」「そう思ったら書きな。予習復習の仕方、やるところも授業中に言いつけてあるので、できる人は遠慮することはない」「やりたくない人は、今日のうちに先生のところへ来て、やりたくなるように相談していくこと」。

目先をかえ、やり方をかえても、やるべきことをやらせてしまえば大人の勝ち。どんなにいいことでも拒否されれば大人の負け。

子どもに応じて　「よしッ！　立ち上がれ。いつも先生がやるように手に本を持って教室の中を歩き回りながら声を出して本を読め」「椅子にかけているのも飽きたなァ。本とノートを床におろして、寝そべって書いてもいいよ」。
四月下旬から五月のポカポカ陽気の午後などには、こんなこともしてみた。
「せんせぇ――なんなァ――呼んだだけな」の中に子どもの叫びを聞き取り、それに応じたい。

2「オトモダチ」とするのは

清澄な奴なのだが　とても真面目でいい子なのですが。でしゃばるわけではないし、強いものにはまかれろ式のくずではないし。かげにまわって悪さをするような奴ではない。孤独な状態に置かれがちな環境にあるが、ひねくれるところもなく、いつも清澄な心である。自分からこの性質を作り出すには小学校五年生では無理だから、天性の持ち味なのでしょう。

じっと見つめていると、こんな凄い奴なのだが、ただ一つ、字を書くことがいかにも苦手なので、教室の生活ではただただ駄目な奴となってしまう。書かない、書けないからと強く叱ってみたり、きつく強制してみたりもするが、反抗もしないが利き目もない。自然成長に合わせて指導していくよりしょうがないとしながらも、字を書くことは日常あたりまえのことなので、その都度気になってしょうがない。

朝登校したらすぐに教科書とノートを先生に見せるようになっているとき。大方の子は、昨日の授業中にやったところを、いかにもゆうべの宿題でやったかのような顔をして見せているのに、この彼は見せに来ない。「なんで見せに来んのだ！」「あのう、うちで何にも勉強しなんだもんで」。

オトモダチ　予定した授業は早めにすんだが、遊びに出すには早すぎる。「ほまれ君のオトモダチ、手を挙げよ」とやった。えっ？　あいつ何か悪いことやったのかな？　いっしょに遊んでいた者も怒られるのかな……？　お友達さんたちの不安な顔といったらない。プッと吹きだしたくなるのをこらえて、もっともらしくにらみつけていると、三つ四つ手が挙がった。「よし、よし、この人たちは一人一枚、ほまれ君の書き取りを手伝ってから遊びにいけ」――なあんだ、そんなことだったのかとお互いに目と目で合図し合って「おまえもだぞ！」とやり合っている。九、一〇、一一と手の挙がるのを数えながら「ウン、これじゃあ、ほまれ君の書く分がなくなってしまうので、二人で一枚応援せよ。先生は一枚、もう応援してあるからな」。

人為的な集まり　このように、何の理由もなくクラスの仲間に迷惑をかけるように仕向けては、彼のプライドを傷つけるから、めったにやれることではない。ここで友達とは言っても、彼の友達は誰と誰で、誰ちゃんは友達ではないなどという考え方を一切していない。ごく自然発生的な気の合った者同士の〝お友達〟は認めないわけではないが、教室の生活の中へは、なるべく持ち込まないようにする。

教室は一人ひとりの弱点が絶えず否応なくえぐり出されるところだ。できなかったり間違ったり、恥ずかしくて心細くて、とても安心して生活していられない。そこで、この弱点、心細さをカバーするために、さらに自分の利益や主張を押し通すために「親友お友達」と称して、二人三人のグループが結成される。一つできると対抗上二つ三つと集まりができ、利害対立が生じ、離合集散が繰り返される。こうなるともう、とても正常な教育活動は機能しなくなる。

認め合う　教室学習では「隣同士で、答え合わせをせよ」とやることもある。体育学習でのグループ、理科実験のグループ、お掃除の仲間、何々をするときの仲間と、それぞれの場で、それぞれの人と親しくかかわりを持たなくてはならない。長所はもちろん短所だってさらけ出すことになる。不正は互いに指摘し合うが、どうすることもできない弱点は、互いにかばい合い忘れ合ってやらないと、安心してつき合えない。そのためには、クラス中が人間存在の一番根本のところで、互いの人格を尊敬し合い認め合っていなくてはならない。

これは何だ?　うちに遊びに来たクラスの仲間の一人が「おばさん、かずちゃん（おばさんちの子）べんきょうできないんだに。学校中で一番っていうくらいできてないんだに」と話しかけられて返事に困ったということを、そのお母さんから聞いた。胸がしめつけられるほど、悲しくなった。勉強の出来不出来なんて、教室のその場のほんの一瞬のことではないか。うちまで行って遊ぶほどに親しくつき合っている友達のことを、勉強の出来不出来しか意識していないのだろうか。

一人ひとりがちゃんと独立し、自律できていて、ごく自然に気が合うのを友達とするのはいいが、自己を抑圧し合って、互いの命令に服し合わないと保てないような関係をお友達とするのは大間違いである。

3　オラア、水泳やらんでェ

登校拒否　担任の替わった一学期の早いころ、「オラア、水泳できんで…」「ふうん、そうか。できるようになるといいなァ」「オラア、水泳やらんで……」。

一人の彼が、何度も訴えてきていた。ところが「なぜやらないか」については、こちらも尋ねなかったし、彼のほうでも語らなかった。

四月の家庭訪問でも、既往症など健康状態について特別なことは聞かなかったし、ごく普通に元気でやっていることだから気にもせずにいた。いずれ水泳がはじまればわかることだから、できなければできないなりに見てやればいいことだしと聞き流していた。

プール開きの朝、彼の姿がない。「はてな?」と軽く考えていたが、子どもたちのつぶやきを聞いているうちに「水泳があるから欠席した」とわかって、真っ青になった。「エェッ? こりゃあ登校拒否じゃないか」、学校の教育課程「水泳」を、担任の「水泳指導」を拒否したことではないか。

投げ込まれた　教員生活の中で、学校がいやだ、担任・私がいやだと拒否されたことはある。気がつかない——気がつかないことにしている——だけで、細かなものはいっぱいあるでしょう。

が、こんなに歴然と拒否されたことはなかった。

子どもたちに自習を言いつけておいて、母親と電話で話す。「プールへ入らなくていいから。無理には入れないから」と説得してもらって、とにかく学校へ連れてきてもらう。水泳のはじまる少し前に教室へ来たが、まるで罠《わな》にかかった野生の動物そっくりの目で、おびえきっており不信感のかたまりだ。私が近づくのを拒んでいる。近づけば、パッと逃げだすだろう。抱きかかえられてプールへ投げ込まれることだってあるのだから、大人の言葉など信用ができない。先生の側には「水泳をさせる」という大義があるのだから、うそも方便を使ったほうがいい先生、いい大人であるわけだ。


這い上がって来い　食べず嫌い、やらずにできないからいやだという子どもに大人たちは、何とかかんとか近づけて掌にのせておいて、困難な場面へ突き落として這い上がってくるのを待つ。子どもの言いなりになっていたら真の教育はできない。躾の有力な一つの手段であり、この方法のおかげで、困難を克服していく。

彼もこの方法に出会ったようだ。ほとんど水泳をやっていない学校から転校してきて、一年、二年と水に慣れた連中といっしょにプールに入れられてひどい目にあったにちがいない。どんなに怖かったことか想像にかたくない。

この日は、教室に残しておいてプール開きをやった。その後「つかまえてプールに入れるようなことはしないから」とわかってもらうのに苦労した。「本当にやらんでいいか？」「いいとは言えんが、しょうがねえなァ」と次の日もまた次の日もなんべんも押し問答を繰り返した。

一日六時間あるうちの一時間のことで、五時間の勉強をムダにしていいのか。水泳の一時間を捨ててもあとの五時間を生かそうじゃないか…とこういう理屈の好きな子だったから、とにかく学校へは来いと説得した。「お前の水泳の時間は、指導を放棄するぞ。何にも見てやらんということだぞ。教室にいようとプールに来ようと勝手にしておくがそれでいいか――」と。


一斉指導の枠外で　しばらく教室にいたが、そのうち上衣のままでプールサイドに来るようになった。が一言も声をかけずにおいた。そのうちに水着になってプールへ来るようになり、ひざまで水に入ったりしはじめた。天竜がっぱ（私の子ども時代は天竜川で泳ぎを体得した）の私が近づけば怖がるだろうから、彼が心を許している玲司君に言いつけて「上手に相手になって、（彼のことを）見てやってくれ」と頼んだ。

こうして、四年生の夏、五年、六年の夏となり、一斉指導の枠外で、プールの壁につかまってバタ足をやったりしていて、六年生の夏には、ついに二五メートルをクロールでやや体に力の入った泳ぎではあるが泳ぎきっていた。最後まで、一斉指導の中へは入ってこなかったし、無理に入れることもしなかった。

やらされるからやれるようになるのだが、時には、自然成長を見守りながら、そっと支援しつづけることもあるのかな。

4　本当のことを言っただけです！

気分転換　テレビゲームほど熱中し夢中になられても困るが、教室内での遊び・気分転換に、短時間でもかなり夢中になれるものはないかと考えた。なるべく集団で遊ばせるのだが、時に、ひとりふたり教室にぼんやりと残ることもある。ただぼんやりと次の授業の始まるのを待つとか、手悪さをして時間をつぶしているとかでなく、何かに夢中になることによって気分が爽快となり、次への学習意欲へとつながるものはないか。

小学校高学年でのこと。「将棋を学校へ持ってきてやっていいか」「ああ、いいよ。勉強時間に食いこまなければ」ということで、三人の彼が時々将棋をやりだした。好きだしなかなか強い。そうだ、どの子も将棋の指し方ぐらい覚えておいて損はないだろうと、駒の動かし方をプリントして全員に渡した。「関心のある人は山田君たちに教わってやってごらん」と。

やってくれる人、ハイ、ハイ　グラウンドがぬかっていて使えなかったり、体育館も使えないし、教室で将棋でもするかということもあって、寒い時期にだいぶクラスのみんなが覚えて楽しめるようになった。女子の方へも広まっていったのは、一人の彼女の功績もある。

まだ駒の動かし方も、勝ち負けもわからないうちから、「誰か、将棋をやってくれる人」と誘いがかかると、「ハイ、ハイ」といくらでも相手になる。歩がただで取られても、金が取られても、ニコニコと男子と言わず女子と言わず相手になっている。それが二か月も過ぎた頃には、この彼女も、A子もB子もちゃんとできるようになっていた。

口を出す　朝、教室へ入っていくと、A子とB子が対局しており中盤戦になっていた。この先、どうなるだろうと楽しみにしながら、それとなく見ていると、山田君が登校してきた。二人が将棋を指しているのをちらっと見て、「その銀が何とか……」とほんの一言つぶやいて、その場を通り抜けていった。と、二人はさっと駒を寄せ集めて、どろぼう将棋（挟み将棋のこと。当時の子どもたちは、将棋ができることに誇りを持って、「本将棋」と言い、挟み将棋のことを、卑下して「どろぼう将棋」と言っていた）をはじめた。

「どうしたの？」「山田君が来るともうだめ」と何もなかったかのような顔をしている。はじめのうちは山田君に教わっていたが、この頃は自分たちでできるようになったから、口出しをされるのがおもしろくない。

それじゃあ、反省にならん　それからまたしばらくたった頃の「帰りの会」の反省会で、「山田君は、ボクたちが将棋をしていると、自分が強いと思って、ヘボとかダサイとか言うのでやめてください」と出た。司会の当番の人や何人かが、「山田君、反省を言ってください」と言うと、しばらく黙って立っていた彼、憮然《ぶぜん》とした態度で、「本当のことを言っただけです！」とやった。さあ大変だ。確かにヘボだし、ダサイにはちがいない。そんなことは言われなくても当事者が一番わかっている。でも、それなりに精一杯やっているのだから、人さまからヘボと決めつけられるのはおもしろくない。
「それじゃあ、反省にならんじゃあ」とみんなは承知しない。彼にしてみれば、どう見てもヘボだからヘボと言っただけで、それ以上の他意はない。落ち度があるから反省せよと言われても困る。反省しなくてはならないほど、人さまを傷つけているつもりはない。そうは思ってもこの場は収まらないし、言いたいことは言い払ったので気分もすっきりしたのでしょう。表情を少し和らげて、「これからは、気をつけます」とやって一件落着。

互いに鍛えられる　人を傷つけたりバカにしたりしてはいけないことぐらい、わかりすぎるほどわかっているし、やっているつもりはない。バカにしてヘボと言っているのではない。自分だってヘボと悔《くや》まれる手を指すこともある。気をつけてはいても、ついうっかりヘボと口をついて出てしまうことがある。

人さまがうれしがるようなことも傷つくようなこともポンポン口にする人があるが、こういうタイプの人は、人さまから言われると自分は傷つくのだろうかと、よく話題になる。わりに傷つく人と、わりに傷つかない人とがあるみたいだ。学校集団には、こうした積極的な子がおり、ちょっと控えめな子がおりで、互いに鍛えられていく。ありがたいところだ。

5　勝つとか負けるとか

自分のクラス　中学一年生男子四クラスの体育の授業を受け持ったときのこと。クラスマッチが始まったら、何やら気分が落ちつかなくなった。初めてバレーボールをやる生徒たちだから技術的に未熟であり、個々の実力に差があるし、凡ミスも続発する。見ていて、ハラハラ、ドキドキする。四クラスのどこが勝っても負けても体育指導者の責任ではないのか。この四つのうちの一つは担任クラスだが、自分のクラスが負けるのもいい気分ではないが、勝っても手放しで喜んではいけないのではないか……とつぶやいている自分がいる。〝法論《ほうろん》（仏教に関する議論）はいずれが負けても釈迦の恥〟などと理屈をつけて、不安定になる自分をおちつかせていた。

実力の差　落ちつきを失っている理由は、ほかにもある。体育専科の指導しているクラスと私の担当している四クラスとの間に、圧倒的な実力の差があったらどうしよう。バレーボールもバスケもいたって苦手で指導力のない者が授業を持っているのだから、差が出るにちがいない。もっともこうした不安は、どの教科、どの生活場面でも発生する。小学校担任なら、隣のクラスと自分のクラスとの出来不出来に差が生じるのではないかと、いつでも心の深いところで意識している。中学では、学年一斉のテストで、私の担当している国語のクラスと別の先生の担当している国語のクラスとで差があるのではないか。また、担任クラスの国語指導とよそのクラスの指導とで手心を加えるようなことはないのか。よくないことをした生徒があると、担任の生徒指導が甘いのではないか……などなど。「これでよい」との限界のない営みであるだけに、ストレスの要素には事欠かない。

勝っても嬉しくない　自分のことはこのような思惑で不安になったり悩んだりするが、人さまのことは何かよほどのことがないかぎり、こんな思いになっているひまはない。うちのクラスの数学の平均点と隣のクラスの平均点と比べて、数学指導教師のせいだなどと考えているひまはない。だからクラスマッチでも勝っても負けても、指導教師のせいだなどと思う人はいないだろうに、あれこれと捕《と》らわれだすと、次々と心が重くなる。

そんなことに関係なく、クラスが対抗する勝ち敗けの勝負を楽しめばいいわけだが、あっけらかんと勝ち負けを楽しめる人と、勝つか負けるかどきどきする不安に耐えることができなくて、勝負を楽しめない人とがあるようだ。さらにまた、負けると負けたくやしさが暗さとしていつまでも残る人、勝っても嬉しいと喜べない人などもあるのかな。勝っても、自己の卓越さを喜ぶ前に相手の失策が気の毒に思えてくる人もあるようだ。個人競技「かけっこ」で、遅くなっている子を待っていて手をつないで走ってきたなどと聞くと、競争心とは何だろうと不思議になる。

競争心　だらだらした教室の雰囲気を引き締めたくて、グループ対抗や個人対抗の場を特設して競わせることがある。ウワァーと乗ってくる子と、乗ったような顔をしているが中身は相変わらずな子とがある。「負けるな！」と煽《あお》り立てても、勝ち負けとは無関係に、やるべきことだからやるだけのことはするさ——と平常心で動いている子がある。その場では歯痒い態度に感じられるが、二日三日とたってみんなの乗りが冷めた後も、相変らずの動きをしていると、これはこれで立派な生き方だなあと感動させられる。

「負けてくやしいとは思わないのか」と叱っても、うちの子は平気な顔をしているのですが、どうなっているのでしょうか……とピリピリと息巻いている若いお母さんなどの訴えがあるが、時には勝ち負けでない価値観で子どもを見てやることも必要でしょう。スポーツでも何でも、負けるな、負けるなとやっていても、勝ち残れるのはたったの一人であって、大方は負けるわけだが、「負けた気持ち」はどのように処理せよと指導しているのかなあ。

競えば必ず負ける子が生じる。「自分に負けるな」は広く世間で使われているが、競わせて「負けるな」を有力な教育手段としてはいけないのではないか。「勝っても嬉しくない。負ければくやしい」。だから、なるべく競う場に入らないようにしているという人があってもいいわけだ。

6　冬至の太陽さん

明るい日差し　ここ二、三日ぐずついた薄暗い日がつづいていたが、今日は珍しく明るい初冬の太陽さんがサーッと校舎の奥深くまで差しこんでいる。今日は冬至だ。

明るい晴ればれとした気分で、第五時間目（午後一時半頃）をはじめていたら、突然教室の中がサーッと暗くなってきた。見ると、窓際の子どもたちが、何の気もなく、ごく当然のことのようにカーテンを閉めている。

「ママア、せっかくの太陽さんだから、お日様に当たろうじゃないか」「だって、まぶしい」「だって、暑い」。冬至の太陽でも、首筋へ当たっていれば暖かいを通りこして暑いだろう。「そうかそうか。暑かったら、日の当たらないところへ動けばいいじゃ」「？」。

物理的環境　授業中、机を離れてふらふら出歩いていれば叱られるが、机と椅子を持って、少しぐらい移動していても席に着いて勉強せよとは叱られないものね。教室の中にいるかぎり、どこにいて勉強していたって、隣近所の仲間に迷惑でなければ、いいわけだから。

黒板の近くの席か、教室の後ろの窓際の席かで、緊張度はかなり異なるし、勉強の能率もちがってくる。南側か北側の席かでも異なるので、不公平のないように、月ごとに、前後左右の席の入れ替えをやる。――これは物理的環境によって受ける影響だが、最も大きな影響は人的環境である。その教室の中に、どんな人間がいるかだ。もっとも、子どもにとっての最大最高に影響を受ける環境は先生である。その次は、クラスの仲間ですね。

原初的な体験　冬至の頃、学校から家に帰って近所の仲間と遊びたくても、寒いし暗くはなるしで遊べなくて心細い、寒々とした思いは、今の子どもたちは感じてはいないのだろうか。冬至の頃の心淋しさは「〽もういくつ寝ると、お正月……」と歌うことで耐えていた。

教室の日当たりのよい棚の上には、太陽の高度を測定する透明なプラスチックのお椀が置かれている。冬至の太陽の高度にも印はつけたし、夏至の位置も秋分点にも印はついている。こんなに日差しが薄くなり、暗くなり、寒くなってきて、どうなってしまうのだろう。生きていけるだろうかという漠然とした不安は、今の子どもたちには、感じる機会にはなっていないということか。

寒ければ暖房をつけ、暗くなれば照明が輝き、何々のゲームソフトが爆発的に売れているということは、千年一日のごとく繰り返されている昔ながらの小学校の授業では、血湧き肉踊る体験はできないのかな。小学校の授業はテレビゲームに象徴される人造的・人工的なものとは縁が遠く、人間の奥底に潜んでいる自然性・野性味へ火をつけて、人類の原初的な体験をさせ、生きるための最低限の智恵を身につけさせているのだが。

豊かさへのあこがれ　まぶしければカーテンを引っぱり、決められた椅子にちょこなんと座っていて、言いつかったことを怒られない程度に間に合わせている。あとは、うちへ帰ってゲームで夢中になる。今の人間は、心も体も真からの飢えも渇きも、また心底からの満足感も味わっていないと言われている。〝もういくつ寝るとお正月……のあのわくわくした状態には戻れないが、こんなに冬至の太陽さんからかけ離れた生活もうまくないのではないか。

お正月休み（年末休み）となって、いよいよお正月になるぞとあふれんばかりの期待ではしゃぎまわり、夕方手元が見えなくなるまで遊んでいたら、松竹《まつたけ》を迎えて肩にしたおじさんが山からおりてきた。みんなは一斉に、「ワァーお正月が来たァー」と躍り上がって喜んだ。すると一人の彼の声「そうそう、あと、かどごとにがあればいい」。〽松竹立てて門毎に、祝う今日こそ楽しけれ。……共存共栄、門毎にがポイント。お互いさまに、いいお正月を迎えましょう。（冬至のころに）

7　ボク、こんなに下かァ

できる子・できない子　明けても暮れても「できたか、できないか」を気にして子どもを見ているのだから、成績をつけることなんて簡単なことに思われがちだが、これがなかなか手強い仕事である。手強いわけは、普段に子どもを見てはいるが、成績をつけるときのようには見ていないからである。でも手強くても何でも学校の先生であるかぎり、学期末の通知表や学年末の成績の記録は、やらなくてはならない大事な仕事である。

毎日毎時間気にしていることは、今教えていることがわかっているかどうかであって、できたかできなかったかの完了した事実ではない。だから、この子は「できる子・できない子」という抽象的な判定を心に残している暇はない。

オラア恥ずかしくて　学生を終えて一〇年二〇年たっても「先生は俺のことを成績の悪い奴だと覚えているだろうなあ」と恥ずかしがる人がたまにはいるが、人さまの学校時代の成績なんて覚えていたって何にもならん。

成績がいいとかよくないとかの判定とその記録は、日常の情意や人間同士のかかわりとは異次元の世界——神様的な視点を、学期末のこのときだけに仮に設定する。成績をつけ終われば、この仮の視点は雲散霧消してしまい、ごくあたりまえの日常の授業者に戻っている。

公務として異常な精神状態でやる仕事だから、すんでしまえば序列を立てて成績をつけた記憶は失われている。しかも、ここでの判定した成績は、未成熟な発達途上の子ども時代のほんの一断面が問われるだけで、人間力のすべてが判定されるわけではない。

社会人としてたくましい魅力ある生きざまであることと、子ども時代の学業成績とには直接的な相関は見出せない。恥ずかしくてなどと思っていては損だ。

成績をつける　それぞれの子を「かわいいなァ。凄いなァ。よくやっているなァ。ちょっと落ち込んでいるのかな？……」と自分の分身だと思っていたのでは成績判定はできない。心を鬼にして私情を捨てて取りかかる。

ペーパーテストの得点だけなら集計すれば順位は出る。が、これに普段の学習態度を加味し、今後の成長の可能性を考慮して総合的な学力判定となると、見当がつかなくなる。

例えば、一位から三位がA、四位から九位がB、一〇位から何番目の人までがC、……と評定しなくてはならなかったとき、九位の子と一〇位の子の境目の理由なんて、いくら探しても見つからない。「助けてくれ！」と叫びたくなる。天の声でも降ってこないかなあと苦しみ悩む。

国語や算数なら、漢字をいくつ覚えたか（一つ二つ多かろうと少なかろうと大人の生活ではたいしたことではないが）、ドリルの得点はどうかと多少は手がかりもあるが、小学校での図工や体育はお手上げだ。

ボク、こんなに下かァ　同じクラスを四年生、五年生と担任をしてきて、もう十分に信用のおける心の通い合った連中（「学業、成績だけが人間の価値を決める」ということではないと骨身にしみている連中）の五年生の終わりの頃のこと。体育係の五、六人に、「体育の成績をどう見るか」と「仮」の成績（順番づけ）をしてもらったことがある。

サッカーで四チームこしらえよと命ずると、誰が一番誰は二番と並んでいって、実力が均等な四チームをこしらえる。走力リレーチームも脚の速い順に一列に並んでいって不公平なく均質なチーム分けをする。互いに実力は知り合っている。

ところが、体育科としての総合順位は、こんなわけにはいかない。あの人が一番とするとこの人が二番かなァと上位のほうは一同が納得していったが、中位から下位になったら意見が別れてきて、めいめい手持ちの名簿に順番が書き込めなくなった。男女のちがいもあるし、自分の名前も出てくる。そうこうしていたら、「ええッ？　ボク、こんなに下になるのかなァ」と一人の体育係のつぶやきが、いつまでも耳に残った。このときももちろん、担任の責任において成績はつけた。心を鬼にして無理矢理つけた保健体育の成績って何だろう。保健体育の最終の成績とは、健康で心豊かに長寿であることかな。もっとも、これは人生の究極の成績だよね。

8　四権分立。三権の隣に教育を。

戦後の教育は　高校の同窓会の仕事を少しばかり手伝っていて気がついた。新制高校（この言い方もすでに古いかな）の卒業生がこの三月で五四期を数え、旧制中学の四八期を上回ってしまった。明治・大正・昭和とあの気の遠くなるほどの長くて変化の激しい時代を経てきた旧制教育よりも、新制教育のほうが変転激動の振幅は大きいのだろうか。

非行問題や学級崩壊が話題になるときまって、戦後の教育はあやまりだったとの声があがる。戦後の教育を真っ先に担った衆は、旧制の教育を受けた人たちであり、あやまりだったとすると、この人たちがよかれと考えてやったことがあやまっていたのだろうか。あるいは戦後の教育を真っ先に受けて育った新制初期の衆が、次世代を教育するのにあやまっていたのだろうか。

新制六期（初期）の一人としては、戦後の混乱期ではあったが、あやまったものを受けたとは思いたくないし、そんなに間違ったことをやってきたとも思いたくないのだが。

学習指導要領　旧制の教育は、教育勅語を基本理念として展開されてきたが、戦後は教育基本法に則り、学習指導要領に準拠してきている。

学習指導要領では、次のようにねらいが示されている。①豊かな人間性や社会性、国際社会に生きる日本人としての自覚を育成すること。②自ら学び、自ら考える力を育成すること。③……

基礎基本の確実な定着を図り、個性を生かす教育を充実する……。幼稚園教育要領では、（1）健康、安全で幸福な生活のための基本的な生活習慣…を培うようにすること。（2）人への愛情や信頼感を育て、自立と協同の態度……を培うようにする……。保育所保育指針では、ア、十分に養護の行き届いた環境の下に、……子どもの様々な欲求を適切に満たし……。（中略）ウ、人との関わりの中で、人に対する愛情と信頼感、そして人権を大切にする心を育てる……。

お互いが安全で豊かで　お互いに（自分だけでなくみんなが）安全で豊かに暮らしたいという願いは、一万年前の人類も千年前の人間も、戦前戦後も変わらないのだから、ここに示されているねらいにはあやまりはないでしょう。

ところが、時代によって、あるいは人によって、安全で豊かにの解釈にずれが生じる。「わたくし」だけの安全と豊かさを求めれば、必ず「お互いに」の安全と豊かさはゆがめられる。三歳と一七歳の自己主張（利己主張）に立ち合えば、大人なら誰でも、こんなに周りや相手が傷つき迷惑をこうむっているのに、どうしてわからないのだろうと不思議に思う。ところがこの大人も自分のことになると、正義だ権利だと理屈をつけて、自己を正当化し、相手の権利や正義は見えなくなってしまう。「自分だけは」と「お互いに」とは人類永遠の課題なのでしょう。

普遍なるもの　太平洋戦争のとき、敗ければこの世の終わりだと信じていたから、八月一五日も昨日と変わらずに暮れていくのを、奇妙な気持ちで見送っていた。その後も、処理不能な事件に出会うたびに、もう終わりだと思ったが、世の中のほうは、事件後という形でつづいていく。

対応不可能な大事件は、時々の政治や経済社会の価値観によって生起もし消滅もするが、この世の中（人間社会）は終わりがない。この永遠につながっていく境地を見つめているのが教育なのでしょう。福沢諭吉は、上野のお山からドンドンと大砲の音が聞こえる中を血気にはやる若者を前にして講義をつづけたとか。童門冬二さんの小説『偉物伝《えらぶつでん》』「漏水の学者――土井聱牙《ごうが》」に「…明治新政府が樹立した直後のことである。が、聱牙は、そんな時勢の移り変わりにおかまいなく、後進の指導にあたっていた」とある。教育とは元来が伝承が主だから、学校がどんなに時代を先取りしても、時流には遅れがちとなる。だから必要以上に時勢には敏感にもなるのだが。今の世に役立たずの人間をつくっても困るが、三〇年五〇年先には通用しない人間をつくっても困る。時代の流れとはひと味ちがったところで、三権の隣に、もう一権、教育（権）を立てておくほどの覚悟がほしいものです。

第三の話

プライドのかたまりの衆

――子どもとは何か

転入して一週間で正月休み。私のことを覚えていてくれるかと心配しながら登校したら、皆から声をかけられた。

1　教わりたくない、マネビタイ

プライドの塊　小学校一年生とは、誇り高く、たかだかとした自尊心を持つ、プライドの塊のような衆であると思われるが、どうでしょうか。三歳児と中学生とがこれに次ぐのかな。もっとも、人間とはいつの年代でも所詮プライドの塊のようなものでしょうが、特に一年生は日常生活で人さまから小世話《こぜわ》（うるさい。おせっかい。過干渉なこと）を焼かれることが最も苦手な衆だと感じられます。

厚紙を折り曲げる、棒切れを削るなど、見るに見かねて「こうするんな」などと言ったものなら、ものすごく怒られる。何か教えようとすると必ず「そんなことは知っとる！」と突っぱねられる。知らないなどとは意地でも言わない。『学びたい、マネビタイ』すなわち自分で真似をして一人前になりたいのであって、人さまから教わりたいなどとはプライドが許さないわけだ。教わればいいのにと思っているのは教師や大人の身勝手な錯覚のようだ。

一対一であること　彼ら・彼女らは毎朝ひとつはセンセイと一対一で話さないと安心できなくて、外へ遊びにも行かず教室で待っていてくれる。「昨日アイスを食べた」「田んぼでカエルをつかまえた」「お母さんとお買いものに行ったの」「お父さんがタヌキをつかまえてきた」。時には前後の脈絡もなく質問を受け即答を求められる。「センセイ、男の子は社会の窓でしょ。

女の子は？」「ウウン……家庭の扉……な」「フゥーン」。

　この場合は答えの中身はどうでもいい。姉か兄の話すのを耳聡《ざと》く心に留めてきて上得意で投げかけた言葉であることは先刻承知だが、挑まれたからには受けて立たねばメンツが立たない。


教えたい　プライドの高い衆だから、教わりたくはないが、その分非常に教えたがる。

　水泳シーズンになると教室が着替え場になるのだが、見たとか見られたとかにぎやかなので「見た人がいけない」と宣言した。「さあ、いいことを覚えたぞ。これは人さまに教えなくては！」と文字通り素っ裸で飛び回っては「誰ちゃんは見たでいけない」と互いに責め合っている。

　鼓笛隊の練習では、整列のとき、列を離れて人さまの世話を焼いている。前へならえで両手をあげて前を見て立つことなんて、こんなにちゃんとできているのだから、何度も練習させられることが納得できない。「曲がっとるッ」と先生から気合がかかると、前の人しか見えないのだからそれぞれは、列から横に首を出して曲がっている子を見つけて教えてやろうとする。さらに「じっと前の人を見てッ」と言われても、さっきからさんざん前の人を見ていたのだから、これ以上することがないので片目をつぶって狙いを定める。片目をつぶって前へならえをすれば、前の人とボクとは三六〇度、どの位置に立っても真っ直ぐだ。

教えている　行進中も、先生たちは行進の列へ割り込んできて歩き方を教えている。「みんなはよっぽどできないのだなァ」ちゃんと歩けるから小学校一年生なんだ。みんなに教えてやらなくてはと思っていた矢先「間隔を開けて！」と先生に世話を焼かれた彼、すかさず後ろを振り返って後を行進してくる子に「お前はちゃんと間隔を開けて歩いて来ているかッ！」と教えている。なるほど、間隔とは一人だけの問題ではないものね。

うまい躾とは　「教える」と「世話を焼く」とは似てはいるが随分違うところがあるようだ。何でもかんでも細かく世話をすればいい先生、いい親、いい教育とはいかないのでしょうし、見守っているだけでは放っておかれたになりかねない。世話を焼いて有難かったと受け取ってくれればいいが、バカにされた、プライドを傷つけられたと受け取られたらマイナスの教育だ。

教えたいように教えるのではなく、教わりたいように教えるのがうまい躾なのでしょうね。本能の命ずるままに指導するのが「世話焼き」、理性でコントロールされて相手のあり方に応じて指導するのが「教える」かな。

2　いい子ぶらなくていい、ありのままでいい

譲歩　この四月から年長組となった兄と年少組に入った妹と二人子持ちの母親の話である。先日も（というのは、兄妹の動きはいつもこのようになる）お菓子屋の店頭で、兄が「これがほしい」と言ったところ妹も「私もこれにする」と言い出した。二つあれば問題はなかったが一つしかなかったので、親としては先に言い出した兄のほうへこの菓子は与えて妹には別のものにさせたかった。普段から自己主張の強い妹だからこうした機会に我慢することも覚えさせたい。「こういう

ときは先に言い出した人が優先で、後の人は遠慮するものなんだよ」と噛んで含めるように説得しても頑として聞き入れない。

そうこうしていたら、いつものことで兄が「いいよ。ちなつがそんなにほしいのならボクは別のにするから」と言い出したので、この場は落着。

後だ先だの優先権も道理だが、「お兄ちゃんが言い出したら私もほしくなった」の言い分も道理ではある。また、年上に我慢させて年下の要求を通すというのも世の通例である。だからこの解決で悪くはないのだが、いつもいつも兄のこうした控えめな態度を容認していていいのだろうか。相手が妹であろうと誰であろうと、いったん自分が決めたことなのだから最後まで押し通す強さも必要ではないのか。

幼少の頃は素直でいい子、いい子できた子が中学や高校でとてつもなく親と対立したり反社会的な行動に走ったりすることがあると耳にするので、うちの子はそんな子ではないと思いながらもどこかに不安が残る……と。

手のかかる子　この兄は、己が必要とした場では頑として自己主張もするが、たいした価値も認めない場ではこうしてほかへ譲って、しかも譲ったという不満が心に残らない「心のあり方」で成長しているようだから（親たちがそうした人柄のようだから）後日の憂いはないであろう。

そうはいっても、不満が蓄積されているのかいないのかは当人にも親にもわからない深層心理のことであり、たとえ蓄積されていたとしても自我意識の強くなったとき爆発するとか性格がゆがむとかは、育ち上がってみないとわからないことである。

そこで親や先生は「手のかかる子・かからない子」などという常識を突き破って、子育てとは元来が、どの子にも等しく手をかけ目をかけ心をかけることなのだと思い込んでしまうよりほか、しょうがない。「手のかからない子」とは親にとっては都合のいいことであり、先生の口から出たのなら、その子を放ったらかしているということにもなりかねない。

その時期のことをやり尽くす　人間が育っていくとは、それぞれの時期にそれ相応のよいことも悪いこともやって、ほめられたり叱られたりの体験を通して、魂の深い部分で〝自分はこう生きるのだ〟を一つ一つつかんでいくことではないのか。

中学生や高校生の非行の話の中に「なんて幼稚なんだ。そんなことは幼稚園・保育園や小学校の頃さんざんやって、もうすっかり飽きていることではないのか」と思うことがある。幼保小、その時々に、喧嘩やいたずら、横着やずるけなどやりたいだけやって、いやな思いもし、心も傷つく体験の末「もう金輪際こんなことはしないぞ！」と心の深い部分で叫ぶことで卒業してきたのではなかったのか。やるべき時期に、やるべきことをやらずに「いい子、いい子」と、親や先生の権威で辻褄を合わせてきたことは、いずれどこかで化けの皮がはげるのだろう。

傷つく体験・修復体験　争えば傷がつくからと、傷のつくことを極端に恐れていれば臆病で気弱な性質にもなりかねない。その時期その時期のやり方で、兄弟姉妹とも他の人とも、争うべきは争って傷つく経験も必要でしょう。時には傷つき、傷の痛みにも耐え、自分で傷の修復をする体験もやらせなくてはならない。「言い出したら押し通してもいいんだよ。押し通しなさいよ」と時にはけしかけたり、何でもないときに話して聞かせたり、あるときには押し通させたりしたい。

こうして、自らの意思を表現する力をつけてやりたいですね。

子育てで大切なことは、母親《お母さん》はむろん、父親《お父さん》も、学校の先生も、ただただ、「いい子だ、手のかからない子だ」と見守る（見過ごす）ことをせず――過干渉にならないようにして――、手をかけ目をかけ心をかけることなのでしょう。

3　ボクが生まれたとき

ひねくれる　宿題を言いつけたかぎりは、一人の例外もなくやらせなくては指導の徹底を欠き力量不足の誹《そし》りを招く。言いつかったことをさっさと処理する子がある一方で、どんなにほめたり叱ったりしても、一行はおろか一字も書かない・書けない子がある。

提出がないと、朝まず第一声で怒られる。「どうして出さないのだ。すぐ書きなさい！」ボクにどんな家での生活があったかに関係なく、どんな思いで登校して来ているかに関係なく、ただただ書いていないの一点で怒られる。学校へ来る価値がない、生きている価値がない人間だというほどに怒られてしまう。

すっかりすね者になりきって、傍若無人にしたいようにふるまうしか居場所のない子があった。

ぼくが生まれたとき そんなある日のこと「これ、ちょっと見てよ、見てよ。K男が書いて来たのよ」とノートを広げて職員室で見せている女の先生がいる。二年生のK男は学校じゅうで知らない人のいない存在になっていた。「確かにK男の字なんだけど。いつも教室で字を書いているところを見たことがないので信じられないの。でも、確かにK男が書いてきたものなんだけど。それに写真も持って来ているの。もう可愛くて可愛くて……」。

この四月から二年生の担任となった新卒の先生にとっては、出せと言っても出さない、やれと言ってもやらない子があれば、バカにされており存在を否定されているとしか思えないから、憎らしくなる。

ぼくが生まれたときは、体重が四〇四〇グラムもあってびょういんで生まれた子の中でいちばん大きかったそうです。だけど大きかったので、かたが大きくてなかなかでなくてあと五分おそかったらお母さんもぼくもしんでしまっていたそうです。ぼくがお母さんから出たときに、お母さんがぼくをみたときに、とてもびっくりしたそうです。それは、むらさきいろをしていて、顔がはれていて、かみのけがなくて、へんなかおだったそうです。(中略)小さいときはとてもかわいくて、女の子みたいだったそうです。お母さんはさいしょの子をりゅうざんしてしまって、それからおいしゃさんにもう赤ちゃんはできないかもしれないといわれていたので、本とうにうれしかったそうです。

うちで怒られ、学校へ来て怒られ、すねたりふてくされたりで、可愛さなんてとうの昔に忘れてしまって「やる気のない困った子だ」になっていた彼の中に、これだけのものを書かせる力があったのだ。

やる気　やる気のない子なんていないのだ。どの子も、どの子もよくなろうと思って学校へ来ている。その時々の、ほんのちょっとのきっかけ、ほんのちょっとの工夫次第で、こんなにもすごいやる気を見せるのでしょう。やる気は象《かたち》となって現われないと見えないので困る。やる気はあっても行動に起こせないのだから、「象となって現われるように仕向けるにはどうしたらよいか」と取り組むしかない。

先生や親がよしとする方向に言動できるAタイプ。マイナスのほうにばかりやる気を示すB。よいことも悪いこともなく、ただぐずっとしているCタイプと三つある。

Aは時に、見守り認めてやっていればいいとして、Bはやる気は旺盛なのだがプラスの言動をするきっかけがつかめないでいる。悪に強いは善にも強しで、将来よい方面に進めば大いに世の中のためになる人間なのだがと目される。BタイプをAでなくては駄目だ駄目だと決めつけるのではなく、その年齢相応の善も悪もやるものだと懐《ふところ》深く受けとめることで、目覚《めざ》めさせていくしかないであろう。

元来、子どもとはAかBのものだ。Cとは、よくやっても正当に評価されていないとか、ワルをやって怒られる不安定さに耐えられないとか、どこかにABになれない原因がある。

やる気を煽《あお》り立てる安易な手だては、ほしいもので釣るとか競争させるとかがある。競わせると乗りやすいが、勝ち負けが歴然とし、一番二番ビリと判定される。いつでもビリになる子は、すねたりふてくされたりするか、コチンと固まるか、いずれかで自己存在をアピールすることになる。「やる気を起こさせる」は教育の原点でもあるので、いつでもどこでも問題となるし、それだけ大事なことである。

4 オセンベイ、ヤケタカナ——四年生の世界

冷たいプール　四年生の六月、例年通りプールは開かれたが、寒い夏で水温も気温も上がらない。プールの水は水道水のままの冷たさだし、薄曇りでプールサイドを吹く風は寒い。ひと泳ぎした後のプールサイドに寝ころがっての甲羅干し。

多くの場合、肉付きのいい肥満タイプは寒がらない。スリムな男の子の何人かは見るのも気の毒なほど真っ青な顔でガタガタ震えている。一、二年生はぽちゃっとした丸っこい体形だし、五、六年生になるとそれなりに肉も付いてくる。四年生の体は身長は伸びてくるが肉は付いてこないので、冷たいプールから上がったところは、まるで鳥の羽根をむしったような姿だ。

ヤケタカな！　ころん　背中を丸めて寒さに耐えている子、腹ばいになって暖をとる子、飛び回る子もなくシーンと静かな時間が流れていた。そのうちにどこからともなく、やさしくささや

くような歌うような気配がする。気のせいかな？

〽ねずみのお宝、小判の虫干し、にゃごの来ぬまにほういほい……奈良岡朋子さんの朗読が耳に残っているのかな？　私の冷えきった体も温かくなってきて夢見心地だ。おやッ？　楽しげな声だぞ。首をのばしてあたりを見回してみたが、それらしい動きをしている子はいない。

〽オセンベイ、ヤケタカナ、子どもたちの声だ。三、四人向こうに一〇人ほどの男の子が車座になって寝転がっている。ヤケタカナのナに当たった子がころんと裏返しになる。そのほかの子は目だけわずかに動かしている。授業中で遠慮もあり、寒さのために声も小さい。

四年生の世界　なんて可愛いんだろう！　去年の夏に楽しんだことなのでしょうが、四月にクラス替えがあったから、このメンバーでやるのは初めてだ。冷たい水で体を締めつけられる寒さにぶるぶる震えていたのに、いつ打ち合わせをしたのだろう。子どもとは全く遊びの天才だ。

子どものことはみんなわかっているつもりでいたのに。この子たちとはまるで別の世界に住んでいることを痛いほど感じさせられた。こんな衆の教育なんてとてもできないぞ。こんな純粋な衆をよくするも悪くするも、みんな大人のせいだ。こんな衆が一人で悪くなっていくわけはない。

オセンベイ、ヤケタカナ

　四年生とは、三歳からはじまった幼児期の完成期として、ある面では精神的にも充実した円満な時期ではないのかな。完成独立自尊なるがゆえに、大人の目から見ると、まるで無欲・無気力・素直と映ったり、無謀・反逆・無節操に映ったりする。当人たちは、ただ体の内部から突き上がってくる衝動のままに動くだけで、策を弄し作為的に動いてはいない。だから、一つ一つの現象にあまり重大な意義を感じたり、目くじらを立てたりしないで見守ってやることも必要かな。思春期に入っていく通過儀礼なのでしょうから。

進路を意識する　同一時期に、四、五、六年生各々二クラスずつ抽出して、進路についての調査をした。「うちの人はぼく、わたしの進路について、どんなことを言っているか」「自分は何になりたいか」など無記名でメモしてもらった。

各学年一〇〇枚ほどを通覧していて、呆然となるほど、はっきりとわかることがある。五年生と六年生との区別はつかない。五年も六年も、中学入学頃にやる調査と同じような反応ぶりだ。ところが、四年生はどの項目にもまるで反応がない。字を書く力は四年と五年とでそんなに差はないはずなのに。

子どもに将来何になりたいかと尋ねると「サッカー選手になりたい。歌手になりたい」と反応するものだが、四年生と五年生とでは、たとえ同じことを言ったとしても意識は全然違うようだ。飛行機に乗って感激した子が「ボクは飛行機になりたい」と言う幼児から「パイロットになって大空を飛び回りたい」と考える四年生までと、「自己の進路」として意識する五年生とは全く異なる人々のようだ。

中学一、二年生の教室と中三の教室と雰囲気のちがいが手にとるようにわかることがある。子どもから大人へと連続して成長していくようでいて、カクンカクンと中身が変化していく節目があるようだ。

5　兄弟とは何だろう。そして兄姉・弟妹と比べられ。

それなら、お前やってみろ　二年生と四年生の男の兄弟二組が、それぞれの課題で勉強していてのこと。ここへひとりっ子の四年生の男の子が加わっていたので、兄弟とは何だろうとしきりに考えさせられた。

みんなは黙ってやっているのに、一人の四年生はさっきから、むずかしいむずかしいとうなりながらやっている。するとその弟が「お兄ちゃん、何がそんなにむずかしいの」と、ごくごく普通のやさしい語調で問うた。黙って勉強せよ、うるさいぞの非難も含まれているかもしれないし、四年生になると勉強の中身もむずかしくなって大変なんだなアの同情も含まれているかもしれない。と、一呼吸間があって「それじゃあ、お前やってみろ」ときた。これもごくいつもの調子である。「ああいいよ。やってやろうじゃないか。」と、当然のこととして、渡された算数ドリル帳を受け取っている。できるわけもないし、兄のほうもできないことはわかりきっているから、この場はこれで、まもなく元にもどして終了。非難されたとなると、誰でもじきに「それなら、お前やってみろ」と言いたくなるから可笑しい。弟は弟で、「ああいいよ」と対等に応じている。

弟たちの根性　しばらくして、ぼつぼつ勉強に疲れてきたので、「二年の人はもう終わりにしていいよ。四年の衆はあと一〇分間は頑張ろう。」と言ったが、二年生も四年生も黙りこんで勉強をつづけている。四年の兄たちは、余分にやるのは「不公平だ」と思いながらも、「まあ仕方がないか。勉強の質も量も弟たちとは違うのだから」と自分を納得させてつづけているのでしょう。弟たちが一〇分早く遊びだしたら、「不公平だ」と訴えて、自分たちは一〇分間余分に勉強した偉さを内外に認めさせればいい。今後兄としての権威をふるうのに役立つのだから。

弟たちがやめないのは何か（勉強の様子から見て、うわァーとやめるのだと思った）。ここで一〇分間の弱みを見せたら、今後の生活で、「お前は弟なんだから」と兄に一歩を譲る不利を容認しなくてはならない。そんな差をつけられたらたまらない。ここは何としても兄《あん》ちゃたちといっしょでなくてはならない。持ち物だって遊ぶことだって勉強だって、兄ちゃと対等でなくてはならない。いつものように、「お兄ちゃんといっしょに勉強してくるんだよ」「ハイハイ」とうちから出て来て、いっしょに始めたのだから終わりもいっしょだと頑張っているのかもしれないが、この終わりの一〇分間の根性は、弟としてのプライドがさせているようにも感じられる。

今は、お前のことな　弟や妹にしてみると、世間の人からは兄姉と比べて弟妹と見られるのは仕方のないこととして、親からは対等に扱ってくれないとおもしろくない。子どもによっては対等どころか、親の愛情や親の関心を独占したいという欲望が格別に強い子もいるようだから、親になるにも大変だ。

保育園のお楽しみ運動会も無事終わりました。長男が年少のはじめての運動会の時は、ほかの子が可愛らしく踊っているのに、うちの子だけがボウーと立っていて、とても悲しかったことを思い出します。しかし、第二子が年少で、皆のようにおどっていなくても、アハッハッ……と笑って見ていられるようになりました。

というお便りにつづいて、

先日、妹（第二子）が、食事中にあんまりたくさんこぼすので、こぼさないようにと注意すると「あんちゃやだって、こぼしとる！」と反発する。見ればなるほどごはんが一粒落ちてはいる。こちらもカッカしていたし、「人のことはいいで、自分がちゃんとするように気をつけな！」と言ったのですが、あとになって、「人のことはいいで」というのは本当によかったのかな？　もっとうまい叱り方はないのかな……と思った。（教え子で母親となった人の相談の手紙の一部）

教室でもしばしばこうした場面に出くわす。「誰ちゃんだってどうとかこうとか」と不満がつぶやかれるので、「誰ちゃんのことではない。今はお前のことなんだ！」と気合をかける。絶えずまわりと比べながら自己の位置づけもしているわけで『人は人、吾は吾、されど仲良き』の境地は、させることもむずかしいし、なることもむずかしい。

6　忍者出現

遊びほうける　秋、日が短くなって、学校から帰った後、外へ遊びに出るには時間が足らなくなった頃、このころはまた、放課後どの子も憑《つ》かれたように遊びまくることがある。

下校の合図が鳴って、先ほどまでのグラウンドいっぱい校舎いっぱいに響いていた騒音が、潮の引くように消えていってシーンとなったとき、どこか遠いところで、さっきまでのつづきの声がする。あまりの賑やかさに残響が耳に残ったのかな？　誰かが放送劇にでも使おうとしてあの賑やかさを録音してあったのかな。ん？　いや、ちがう。静かさに慣れてきた耳に、明らかに子どもたちの遊んでいる声として聞こえてくる。

立ち上がって、窓から校庭を見回したが、見えるかぎりの視界には、人っ子一人いない。でも確かに校庭の方から声がする。実に楽しそうに囀《さえず》っている。どの教室にも先生たちは残っているのだから、この囀りは聞こえているはずだが、どの窓からも、確かめる声はしない。でも聞こえる。うちのクラスの五年生の誰君や誰君の声のようだ（こんなとき担任は、大概まずうちのクラスの子ではないかと思うようになっている）。

下校時刻をやり過ごそうと　「上にいるのは誰だァ！」校舎を見回っていた学校当番の先生の声がした。囀りはピタリと止まった。校庭の端に植えられた桜やいちょうの木の何番目かの木の下で先生は上を見上げている。木の繁みから一つ二つと頭が現れた。幹に抱きついて下りてくるのを見ると、同じ方向へ帰って行くうちのクラスの五、六人である。「何年何組だ、担任の先生のところへ行って自分たちのやったことを話して指導されて来い」「今日はこれで帰れ。先生の方からも担任の先生に話しておくで、明日学校へ来たらこのことを担任の先生に話せ」などとして処理される。

もっと遊びたかったので、木に登って隠れていて、いったん下校時刻をやり過ごして、グラウンドへみんなが遊びに来た頃、下りていって合流するつもりだったなどと言えば簡単には許されない。この場は「下校の合図に気がつかなかった。（そんなはずはない）」ということで「さっさと帰れ！」となったようだ。―ああ、惜しかったなァ。もうちょっと静かにしていれば気づかれなかったのに。この顔ぶれを見ると、カバンを隠しておいて、木に登って時を過ごすぐらいの知恵は朝飯前の連中だ（それ以上のワルをするような連中ではない）。木の上に登ったら秋の風が心地よくて、ついつい大しゃべりになってしまったのであろう。それにしても、あの静かさの中から、だんだんと囀る声が大きくなっていったときの不思議さと言ったらない。こんな知恵をしばしば発揮されてはたまらんが、たまには、このような大人の度肝を抜くような知恵も歓迎したい。

立つ瀬がない　次の日の職員朝会で「昨日こんなことがあった。この頃ちょいちょい下校時刻の守れない者があるので注意してください」などと話題にされたら、担任の顔はまるつぶれだ。「なんちゅう奴らだ。これじゃあ担任が指導の手抜きをしていると思われるじゃないか」と、こいつらが憎らしくなってくる。

〝私は子どもが好きなので先生になったのですが。そして、よそのクラスの子は可愛いと思えるのですが、自分のクラスの子どもたちはちっとも可愛く思えない。いちいち私に反抗するみたいで、やれと言ってもやらないし。私の予想もしないことで次から次へとヘマをして教頭先生からいつも注意されるし、憎らしくなってきて……〟

もうこの仕事をつづける自信がなくなったと悩んでいる新卒二年目、小学校二年生担任の女の先生があった。

完熟で粒ぞろい　いくつになっても担任であるかぎり多かれ少なかれこういう気持ちになる。隣の子のヘマは「子どもならではの失策だなァ」と笑って見過ごせるが、同じことでもうちの子がやると許せない。「あれだけ言っておいたのに、ちゃんと守らないということは、おれをバカにしている」と憎らしくなる。学校中で一番よくできるクラスだと見られたい。せめて一番でなくても、だめなクラスだと思われたくない。それなのに、こんな、あたりまえにできる学校のきまりをいちいち破っているようなクラスでは、指導力のないダメ先生になってしまうではないか。
未熟なるがゆえに、その熟した姿を想像してこの未熟さに惚れて先生になったのに。責任ある我がクラス、イコール我が出来不出来となってくると、熟し方を説いていたのに、いつの間にか完熟した粒ぞろいになっているはずだと思い込んでしまい、未熟さが受け入れられなくなる。未熟だからと許していたらかぎりなく甘くなってしまい、手抜きをしているのではないかと不安になるのだ。

7　じゃまだ、どけッ！

どかす権利　何気ない教室の日常生活の中で、「じゃまだ、どけッ！」と耳にするとハッと注視する。誰がどのような状況で発しているかは聞き捨てにはできない。机と机との人一人がやっと通れるだけの通路に二、三人が固まっておしゃべりを楽しんでいれば、そこは通れない。意地悪く通路をふさいでいるわけではない。幾通りもあるのだから、多少は不都合でも隣の空いている通路を通ればすむことだ。

後戻りはない　あるとき、人さまの車に乗せてもらって、新興住宅地となりつつある田舎道へ入ったときのこと。乗用車一台がやっと通れるだけの曲がりくねった畑の中の道で、前方から車が来てしまった。広い道と広い道との連絡通路のような一本道だから、どちらかが広い道までバックしなくてはならない。一〇〇メートルとして五〇メートル地点なら、どちらがバックしたらいいのだろうか。こちらが三〇メートル、先方は七〇メートルの地点だったが、こちらの彼は、押し切ってしまった。先方はこの土地の人で、この道が七〇対三〇であることをわかっていたかもしれない。二八、九歳のこちらの男性は土地勘がないとしても、はじめから譲ろう、バックしようとする気配は全然なく、ただただ相手を下がらせようとしている。顔は見えないが、怖い顔で

「じゃまだ、どけッ」とやっているのだろう。

何事もなくすれちがってからこちらの男性は「人生後戻りはないから。俺は絶対にバックはしない」とぽつりと一言。先方もこういう信念の人だったらどうなるのだろう。なるべく人さまに迷惑をかけないようにと思っている私にとっては、「すごい自信で生きている人なんだなァ」と奇妙な感動さえ覚える怖さだった。

優先順位　「いつも教室の子どもの前で威張らせてもらっているので、それ以外のところでは、なるべく人さまには迷惑をかけないようにしたい」と暴走したがる自分を抑えている。が、車の運転などでは、気がついてみると「こっちがよけてやればよかったなあ」と思えることが始終だ。それでも心づもりとしては、「バス・タクシー・ダンプカー・宅配便車などは、道路が職場の人たちなのだから優先してやらなくては。私は学校で稼がせてもらっているのだから、道路は人さまのじゃまにならないように、そうっと通してもらうだけでいい」としている。

譲る・押し通る　教室で「じゃまだ、どけッ！」と叫ぶような子は、またそれなりの特長もある。とび箱で今まで誰もやったこともない跳び方をやらせるとき、失敗して笑われることも恐れず真っ先に挑んでくれる。そのお陰で、細かく指導することができて先生も助かるし、ほかの子どもたちもやり方がよくわかって得心がいく。全員が譲り合ってばかりいたのでは、世の中は成り立たないこともあるし。そうかといって、教室で自分の通ろうとする通路がふさがれているからと、いつでも「じゃまだァ、どけッ！」と自己の欲望だけを押し通すようでも困るし。

「小学生の頃、『すぐに、みんな校庭へ出なさい』と言われると、ワァーと下駄箱へ押しかけますね。そうしたとき私は、押したり押されたりするのがいやで、一人残らず下駄箱に人がいなくなるまで待っていて、ゆっくり靴を履いていました。評価はとろい子ということで、今でもそのクセがあります。友だちに話したら『私だったら、人を押しのけて、真っ先にとび出すなあ』でした。負けん気を出してやることが苦手で、それが欠点で伸びなかったりしているのでしょうが、長所にもなっていて、人との争いがなかったりします。人の性格って何がいいのかわからなくなることがあります」とこんな話も聞いた。

教室での「じゃまだ、どけッ」は言う側にも言い分があるが、言われる側にも、どかなくてもいい権利はあるはずだ。一〇〇メートルの一本道で、五〇メートル地点で出くわせば、押し通る権利も五分五分だが、譲る義務も五分五分だ。「じゃまだ、どけ」と押し通す人が進取の気性ありと大事にされるのと同じ程度に、譲る人が、トロイとならないようにし合うことも必要であろう。

8　大粒の涙

子猫　学校からしばらく行ったところに、大きな森に囲まれた立派なお宮さんがある。五月のある朝、このお宮の隣だという方から電話があり、「おばさんが猫を隠したと子どもたちから責められて困っているが、私がどうしたわけではないので、子どもたちによく言っておいてほしい」とのこと。話の核心はわからないものの、猫という言葉から、ハハァあの日記のことだなと見当がついたから、「ハイ、わかりました。よく指導しておきます」と電話を切った。

例の日記の子を呼んでみると、なるほどこの神社が通学路になっている二人の女の子が出てきた。学校の帰りの道で、子猫を二匹拾ったらしい。

抱き上げて可愛がってはみたものの、うちへ持って帰るわけにはいかない。そこで、お宮の石段の下の溝の中へ隠しておいて飼うことにした。うちから牛乳をもってきてなめさせたりして可愛がっていたが、昨日突然二匹ともいなくなった。そこで、「おばさんが隠した」になった。

この頃ぐんと背丈が伸び、子どもの顔でなくなった六年生が、表情一つ変えず、いきさつを説明しているので、猫の子が溝の中で棲みついているわけがないことぐらい百も承知でいるのだと思って、「そりゃあ無理だ、あきらめな。子猫にも足がある」と気楽に応じていた。

ところが、ふっと気がついたら、さっきからパッチリと見開かれた瞳のまつ毛の間から、ふわっと透明な粒が湧き起こっては、頬を伝ってポタリ、ポタリと床に落ちている。アアこんなに別れがつらいのだ。外見はいっぱしの大人（お姉さま）だが、心は子どものままの純朴さでいるのだ。私は、この真剣さとは場違いの軽はずみな対応を悔いながら、次から次へと湧いては落ちる大粒の涙を見つめていた。

感動体験　教育とは元来が、わかる、できる、うれしいという感動体験であったはずだ。それがいつの間にか知識の切り売りになってしまい、心を育てることを忘れてしまっているとの反省から、感動体験学習の重要性が叫ばれている。野外活動を取り入れたり、小動物を飼ったり、植物を育てたりの体験を通して情緒の豊かな人間を育てようとしている。

これも大事なことではあるが、改めて感動体験と言わなくても、ごく普通の日常で、心がしびれるほどの感動を積み重ねていきたい。ごく普通に授業をしていたら、涙をいっぱいためてやっている子があった。「どうしたの？」と尋ねると、「わからんところを考えていたら涙が出てきた」と明るい返事がかえってきた（算数の個人学習の場）。わからなくて、くやしかったり悲しかったりにはなったが、心は暗くしていない。いずれ何とかなると、心の深い部分で己を信じ状況を信じているから、涙は出てきても気力は失っていない。うまい心のあり方だと羨ましく感じた。たいがいは、わからんとプリプリ怒りだし、イライラしてきて心を暗く閉ざしてしまってますますやる気をなくしてしまう。できたできないの結果だけが重視されると、結果が出るまでの過程での、喜びや悲しみ、困難にぶつかっての閉塞感や突破した解放感などが大事に扱われなくなる。

吐露する　物は豊かになったが心は貧しくなったと言われるが、生まれてくる子は、昔と変わることなく豊かな感性を持ち合わせているにちがいない。道草をするなッ！　猫の子なんかかまっているひまがあるかッ！　と叱りつけておいて、今の子は自分だけの世界に閉じこもって、人と人とのつき合い方もへただし、喜怒哀楽の表現も不適切だと歎いていてもはじまらない。日常の授業の中で、ありふれた生活の一つ一つで、おもしろい、くやしいを気軽に吐き出せるようにしておかないと、くやしいの思いだけが鬱積《うっせき》する。そうなると、勉強にいじめられた、学校にいじめられた、先生にいじめられた、友だちにいじめられたと被害者意識の塊となり、よからぬ方向でのうさばらしとなる。いま述べた子猫の話で見るように、子どもとは大人の価値では計れない感性も持ち合わせている。育ち盛りに存分に大事にされなくてはならないことであろう。

第四の話

楽しいから学校へ行く

——自ら学ぶ力とは

イマ、コノ授業ノ中デ、自分ニトッテ、ホントウニ実力ニナルニハ、ドンナコトヲシテイタラヨイカ。
織田信長

1 ぐずぐずを吹っきるには――勉強のコツ（その一　家庭学習で）

ぐずぐずしている　やらにゃならん、やらにゃならん……と思ってはいても、きびきびと手際よく取りかかれずに、ぐずぐずした生活になりがちな人のための手引きです（学校で言いつかったことは、さっさと片付けてしまって、いつもスカッとした生活をしている人のことについては、また別項でふれます）。

一口に家庭学習とは言っても、次のいくつかの種類がある。

・是が非でも今晩やっていって明日、先生に提出しなくてはならないもの／できればやったほうがいいのだがのもの／自主勉強（成長期の子どもにとっては、何をやっていても、その子の成長に何らかの影響を及ぼす。これは自分の勉強だとしてやるか、単なる時間つぶしかのちがい）。

学校で言いつかったことをやらなくてはならないなアと思いながらも、やる気になれないで、何とはなくテレビを見たりマンガ本を広げている。テレビを見て楽しむ、マンガ本を見て楽しむのではなく、心は、言いつかった勉強のことにとらわれているから、何をやっていても、心がこもらない。親が見ると、「ぐずぐずしている。だらだらしている」となる。

吹っきるコツ　こうしたぐずぐず・だらだらを吹っきらせるには、どうしたらいいのだろうか。

イ　一、二分ですぐにすむもの・簡単に仕上がるものから、まず取りかかる。例えば、明日の時間割合わせ。明日の持ち物をそろえる。二、三字書き写せば仕上がるようなものをまずやって、「できた!」という満足感と充実感を味わう。そうしていると、次のめんどうな勉強にも取りかかれるようになる。

ロ　言いつかったことなのだから、『間に合わせればいいのだ』と自分につぶやく。得てして、こうしたぐずぐずしている子は、「やるからには、ちゃんとやらねばならん」と気負いすぎていて、この気負いに気圧されて押しつぶされている。ちゃんとやるにこしたことはないが、時に、とにかく「間に合わせればいいのだ」とやる。

ハ　いやならよせ。やる気がないからやらないと、きっぱりと決心をする。そのかわり、寝て起きたら、遊びが終了したから、「やる気があろうがなかろうが、そんなことには一切おかまいなしで、取りかかる」(取りかかれるのだと自分で自分に言い聞かせつづける)。これは理屈には合わないが、こんな心構えで改善できる人がいるし、よくなることがある。

ニ　勉強だけしかしない時間帯を決めておく。この時間になったら、他の一切のことはやめて勉強だけをする。出来・不出来は二の次。答えが合っていようが合っていまいが、とにかく自分で勉強だと思うことをやれば合格。

子どもの日課を点検していたら、七時五八分から八時二分までが勉強の時間帯とあった。「ホウー、細かく設定したなア」「コマーシャルの時間だもんで」「なるほど」。これだっていい、この四分間集中すれば、何にもやってこないより、よっぽどいい。——こんなことで何ができるかと言うなかれ。頭に入るときは、ほんの一瞬なのだから。こんな時間帯の短時間の集中でも、かなりうまくいく子がある。

ホ　授業中に、または学校から帰るときに、どうしても今晩やらなくてはならないところへ、赤丸を付けておく。どうしてもやらなくてはならない順にＡＢＣとランク付けしておく。

ヘ　いやになるまで勉強しない。やめるとき、「まだやれるけれど、今はここまで」として、余力を残しておく。「次のやるべきときには、いつでもやれるのだ！」という誇りを持って、その場を終了させる。「くたびれた、金輪際勉強なんてしたくない」とはしない。

ト　帰宅して一晩過ごして朝登校するまでの時間割（日課表）をつくる。何をしていてもよいというくつろげる時間をたっぷり確保した上で、断固として遵守すべき時間帯を決める。食事の時間・就寝起床の時間。勉強の時間は、やる気があるとかないとかに関係なく、一切の理由を排除してまっしぐらに、そのことだけをする。

以上、イ〜トも手だての一つ。何気なくうまくいく子もあるでしょうが、一度や二度の挑みでは成功しないかもしれない。しかし、何遍でも、手をかえ品をかえて挑むよりしょうがない。「やりなさい！」と怒っているだけでうまくいくのなら簡単なのだが。その子の個性を見守りながら、うまい具合に勉強に向かわせたいものです。

2　ペースに乗り、自己を堅持する——勉強のコツ（その二　教室で）

授業の乗り方　先生の進める授業のペースに乗ること、しかも、自分にとってはこうするとよいと自己のペースを持ちつづけていること。こう言ってしまえば、何も授業のコツだけではない。日常生活をしていく上でのコツでもある。世の中の流れに上手に乗りながら、しかも自己の信念を貫いて生きていればいい。

授業をしながら、この授業を受けている生徒の側で、どういう態度で臨んでいれば効率よく学力がつくかと考えていると、前述のような相矛盾することを言いたくなる。

先生の側からすれば、とにかく文句を言わずに素直に従ってくれればいい。おれはおれはと自己主張をし、自分の都合ばかりを優先する子は、授業の邪魔になる。そうかといって、何でも言いなりになる子は、いい子にはちがいないが、「お前さんならどうするのだ」の場で独自性が発揮されなくて食い足りないことがあるし、もう一歩伸びきれなくて、もったいないなアと思うことがある。

先生と自分と　先生が「皆さん、いいですか」と授業をしているとき、皆さんとは自分のことだと思い定めてしまえばいい。先生と私といつでも一対一で勉強しているのだと自分に言い聞かせる。新しいことを学ぶ場では、特に先生と一対一の気持ちで取り組むことが大切だ。

ただし、一時間中一対一でいるとくたびれる。緊張もさることながら、聞かなくてもいいことまで聞き取って反応してしまうからだ。そこで、聞き流すことか否かをすばやく判断して、聞き流し方を身につけること。

小学校入学のときは、どの子も一対一で意気込んで取り組んでくれる。そのうちに、「ああ学校というところは、私の都合だけで授業してもらうわけにはいかないところなのだな」と気づいてきて、聞き流すことを覚える。私が納得しないうちに先に進まれて困ることもあるが、もう十分に納得して先に進んでほしいときでも、くどくどと説明を聞かなくてはならないこともあるし、誰か一人二人叱られているのにもつき合わなくてはならない。

そうこうしているうちに、生徒も先生も学習の基本は一対一であることをすっかり忘れてしまって、聞き流すどころか流しっ放しになってしまう。そうならないために、聞き流した空白の時間をどう使うかがコツとなる。このところまでは、なかなか学校の先生も教えてくれないから、自分で見つけていくよりしようがない。「このとき自分は何をしていたらよいか」と問うようにすることが大切である。

好奇心の持続　「音の性質」の理科実験の学習で。実験ポイントを確かめるための板書がはじまっているのに、なかなか集中してこない。それで板書を中断して「今何を考えていたか？」と詰問した。

子どもたちにしてみると、この板書が終われば先生が何か言い出すから、そうしたら応じていけばいいことで、それまでは流していればいいとたかをくくっていた。突然問われたので、ただボウーとしていましたとも言えないので、「音の性質について考えていました」と答えた。二番手三番手の生徒も判で押したようなお答えだ。

こうしたとき、ついお説教をしたくなる。皆さんのお答えはまちがってはいないが、正しくない。この実験のこのところはどうなるだろうか……と頭にひっかかっていなくてはならない――と。長々とお説教をするのではなく、今、この空白の時間（先生が板書をしている）をどう過ごすかのヒントを与えたい。日常の授業で、このような大事な場はいっぱいある。特にこの「授業スタートの場」での頭の使い方は、この一時間の成果にかかわってくる大切な場であろう。

子どもとは、若い人とは、好奇心の塊のような人たちなわけだ。ところが、いつの間にかギラギラした好奇心の部分が疲れてしまっている。まして音や空気のようにあまりにも身近なものや、数学や図形のようなあまりにも抽象的なものは、素朴な疑問や好奇心が起きにくい。ただただ流れていく、流していくになりやすい。

好奇心が湧かない、やる気がないのではなく、好奇心ややる気を、どこかで、何かが、誰かが邪魔をしてはいないか。先生と一対一で取り組んでいる子にとっては、大勢さんでの一斉授業は散漫で無駄が多いのかもしれない。

一対一で漏らさず聞き取り反応することと「先生はみんなにこうしろと言っているが、今の自分はこれこれをしたほうがいい」と自分が今やったほうがいいことを見つけて集中することと、二つでしょう。教室のそれぞれ具体の場で指導しているつもりだが、授業を受けるコツとして、その子の成長に応じたあり方は体系化されていないようだ。

3　たかが鉛筆、されど鉛筆

普段に使う物　「そうか、お前さんちは三〇〇〇円のおもちゃは買えても五〇円の鉛筆は買えんということか」と冗談を言い言い注意を促した。

鉛筆や消しゴムなど普段に使うもので、どんどんなくなっていくようなものは、その場が間に合いさえすれば、どんな品質でもいい。そのかわり、一生使う物で一つあればいいようなものは、なるべくいい物を買っておけ。日常生活で、この考え方は大事である。しかし、時にはこの逆も成り立たせたほうがいいこともある。

一年二年生はBとか2Bとかのちゃんとした鉛筆を、親も気をつけて使わせているが、学年が上になるにつれて子どもまかせとなる。間に合いさえすれば何だっていいとする無関心派と、きれいな字、美しいノートにしようとする関心派とは、ともに硬い芯の鉛筆となる。

いい鉛筆　字を書くことは全く億劫なことだから、鉛筆を持っただけですらすらと書けてしまうようなうまい鉛筆はないものかと探し求めつづけている。戦争中に砂粒の混ざった鉛筆や、軸木が曲がっていたり半分に割れたりする鉛筆を使ってきた者にとっては、6HからHB〜6Bと並べられた売り場の棚は壮観であり、ちょっと厳粛な気分にもさせられる。

この売り場から一本一本吟味をして手に入れ、教室へ持ち込む。芯は両端ともに真ん中へ収まっているか。軸木の木目は左右ともに同じ程度の密であるか。疎密があれば疎のほうはざっくりと削られて片寄ってしまう。正確な円錐の頂点に芯の頭がこなくてはならない。軸木は曲がっていないか。ガラスケースの上の面で転がしてみる。

芯の濃さ硬さはもちろんのこと、削る角度、芯の出し具合、芯のとがらせ方などで、書き心地は俄然ちがってくる。掌が大きくなれば自ずと高い位置を持つようになるので、鉛筆削り器が削り出す角度ぐらいが一番いいが、低学年は低いところを持つので、もう少し鈍角に削られていたほうが書きやすいだろう。

粗雑な物ばかり　子どもたちが最も書きやすい角度で削り、芯の長さととがらせ方も適当にして、教卓に常に何本か用意しておく。すると、いつの間にか、ゆがんだ削り方をした、どこかの景品で出されたような粗雑な塗りの、硬い芯の鉛筆ばかりになる。どうしたことだろう。落とし物が届いてそのままになることもあるが。
教卓へ出てきて、硬い芯で書きにくそうにやっているのを見ると、「これを使ってごらん（書きやすいし、勉強したくなるから）」と手渡す。貸したつもりでいるが、子どものほうは勉強に夢中で、先生のところへ出てきて緊張もしているから、持ってきたのはそこへ置いて、手渡されたのを握ったままで自分の席へ戻っていってしまう。

「硬いのはよせ、薄い字は読みづらい」と再三言っても、高学年中学生はちゃんとした理屈があるから聞き入れてくれない。折れやすい、減りやすい、芯がすぐ太くなる、滑るから一点一画が書きにくい、ノートが汚れる。B、2Bでは、一年生みたいで格好が悪い。

怒られ賃　そこで実弾攻撃に切り替えた。信頼のおけるメーカーのB、2Bを学級費でダースで買ってもらうことにした。硬くて書きにくそうにしていれば「これでやってごらん」と手渡し、いいことがあればご褒美としてもらえる。さらに〝怒られ賃〟も出る。精一杯怒りたいだけ怒らせてもらって気分もさっぱりしたし腹も減った。よくいい子で怒られていた。これは怒られ賃だと。ほめられも怒られもしない子には、「この頃もらってないから、これをもらっておきな」とする。何か基準があるわけではなく全くの気まぐれの思いつきだから、多少の不公平は生じるでしょうが、ここは独善を許してもらうことにした。

折々に指導　丸いと転がる。四角では持ちづらい。六角とはたいしたものだ。その角々へ刃を入れて六角錐を削り出す。「うまい」と子どもにほめられれば、いい大人でも嬉しい。が、手で削ることだけを可とはしない。鉛筆削り器も使わせてきた。「卵が割れない。鉛筆も削れない」は、また別の場で訓練することにして、いい字を書くには、うまく削ってあったほうがいい。

何文字か書いて芯の減り方にくせが出たり太くなりすぎれば、指でくるっと回して、絶えず先をとがらせていく。この点、一定の太さで書けるシャープペンは凄い。書く姿勢、鉛筆の握り方、手首の動かし方等々、始終注意してやらせているつもりでも、毎日毎回のことなので、ほとんど子どもまかせのほったらかしの状態になりやすい。

4　ノートの使い方／わかる・覚えるために書く

同じ位置に同じものが書かれる　国語でも算数でも学習課題にそって個人学習となり、「できた人から先生に見せにきなさい」という授業形態にすると、一人ひとりをよく見ることができる。このとき、どの子のノートにも、同じ位置に同じことが書かれていれば点検しやすい。字の大きさ・字の配列まで、その学年の実力に応じた形式を言いつけておけば、それぞれの子の状況を捉えるのに、一目瞭然である。

中学一年生四月の英語の授業がはじまったときとか、小学校一年生の教室では、このことはごくごくあたりまえのことである。が、学年が進むにつれて、授業形態も複雑となり、その授業に応じる生徒の動きもまちまちとなるので、気がついてみると、ノートは生徒まかせで千差万別となりやすい。その結果、学習すべき中身は教えているが、学習の仕方（ノートを使っての効率のよい勉強の仕方）は教えていないということになる。その学年のその子に合ったノートの使い方とノートを利用しての学力向上のあり方は、毎日やっているようでいて、ほとんど手つかずの状態になりやすい。

頭に入る　ノートなんてどうだっていい。要は頭に入ってしまえばいいことなのだから、机の板へちょこちょこっと書いて計算をしたり（後で消しゴムで消している。算数のテストでは、ちょいちょい見られる光景だが）、広告の紙の裏に漢字を書いて覚えたりすればいい。これは大人たちが日常生活の中で新しいことを覚えるときにやっていることなのだが。子どもたちの学習ノートも究極はこのやり方に尽きる。どんなふうに書こうが書くまいが、頭に入ってしまえば完了である。

この頃出会った若い彼は、「ボクは小中高校と数学はノートがいらなかった。テストになると先生の書いた黒板の式や答えがパアーと浮かんでくるから、それを書けばよかった」と語っている。

マスのノートを漢字で埋めないと漢字の勉強にならないと思っていた頃（それもろくにやらないし、たとえやったにしても一字をまるまる書くのでなく、ノート一行へタテ画ばかり先に引いておいて、気が向いたら後刻ヨコ画を引いていって、一行とか一ページとかを埋める作業をやる。漢字を覚えるとか覚えた漢字で文章を書くなどとは、およそ縁のないことをやっていた頃）。年上のいとこの家の新聞紙に、新聞の漢字を一回二回書いて覚えた形跡があって、不可解な思いになった。そのときは『覚えてしまえばこっちのもの。ノートなどどうだっていいのだ』に気がついたわけではなく、ただただ不思議な思いで眺めていた。

その場かぎりのもの　一概にノートとは言っても、日記帳やスケジュール帳、何々台帳というような備忘録とか後日の証拠品としてのものから、その場で書いて用を足してしまえば捨てられるものまで、目的によって、種類もいろいろあり、書き方もいろいろある。生徒の授業のノートは低学年ほど一回かぎりで捨てられていくものが多く、学年が進むにつれて記録性の傾向は強くなる。

とはいっても、所詮生徒たちのノートとは（特殊な目的でノートをとるときは別として）、そのときその場で、頭に入りやすいようにする補助手段であって、黒板を書き写すのが目的ではない。サボリ防止のためにノートをとらせたり、ノートを提出させたりするが、ほどほどにしないと本末転倒になるおそれがある。

ノート指導のコツ　「ノート一ページ書いてこい」という宿題も、覚えたり、わからせたりするためにやらせるのか、または字を書く習慣・速く美しい字が書けるようにするためなのかで、やらせ方が異なってくるはずだ。覚えたり、わからせたりするのなら、書くよりも、見たり聞いたりしたほうが得意な子もいる。書かされているために、せっかく先へ先へと走り出す頭を停滞させることだってある。

黒板で見本を示して、ああ書け、こう書けと口酸っぱくやっているよりも、個々の子のノートへその子の黒の鉛筆で見本を書いてやるのが一番効き目がある。子どもの書いたものへ赤ペンを入れるよりも、書く前に子どものノートへ見本を示すのがコツである。

5　ピーマンと思わず食べてしまえェ！——学校給食（その一）

ピーマン　給食指導は命に直接かかわることだから学校教育の中でも大事に考えられている。「ちょうど腹のすいた頃、おいしい給食が食べられてよかったなァ」と学校生活を通り越してきた多くの人にとっては、給食指導などと仰々しく論ずることもなかろうと思っているでしょうが、好き嫌いや量の多少でつまずいた人にとっては忘れることのできない問題でしょう。

給食時間も終わりの頃、教室のとある一画が騒がしくなった。座って食事をしている一人の彼を囲むようにして、二、三人が立っている。「ピーマンと思わず食べてしまえェ！　鼻をつまんで飲んでしまえェ」とやっている。

そうか。この彼はピーマンが食べられなかったのか。四年生から担任をしてきて、六年生のこのときまで知らなかったし、一人ひとりの好きなものや嫌いな食べ物をきちんと知っておく必要もなしとしてきた。一般論としての「好き嫌いをなくすことの大切さ、よさ」は折々に指導はしてきているが、具体的にその日の給食に出された物で、「残さず食べよ。嫌いな物でも食べてしまえ。食べ終わるまで片付けるな」などとは強制していない。「どうしても食べられなかったら残しても仕方がないよ」とやってきている。

弱点克服　H君！　お前は、勉強でも何でも、あんなにやる気でやっているのに、なぜ、こんなピーマンの一かけらぐらいが食べられないのだ。サッカーのときや日常生活で示すあの物凄い覇気はどうしたのだ。オラアたちみんなが食べているこんなピーマンが食べられないはずはないぞ。こんなことで弱みをつくっておくような奴じゃあ、将来大成しないぞ。H君らしくもないぞ。鼻をつまんで食ってしまえ。飲んでしまえ。一回食べれば、後は自信がついて食べられるようになるぞ！……とA君が気合をかけている。そこへさらに食器を片付けに立ち上がってきた、普段の遊びやつき合いでの好敵手であるB君やC君が寄ってきて、はやしたてている。「ピーマンと思わず食ってしまえェ！」。

彼自身もこんな弱みを克服したかったのであろう。体格もいいし、食欲も旺盛な彼のこと。全部食べ終わって食器を片付けようとしたが、お皿のすみのほうにピーマンの二、三片がちょこんと残っている。彼らしくない神妙なしおらしい顔で、頭を抱え込んだから、ますますおもしろがって、みんなは気合をかけている。『ああ、クラスの仲間とはいいもんだなァ』。先生がやったのでは、彼のプライドを傷つけることなく、こんなうまい状況には追い詰めることはできない。

偏食・偏屈　あれも嫌い、これも嫌いとあまりにも偏食な子は、健康のバランスも気になるが、それ以上に精神的なバランスに何か欠けたものを感じる。極端に偏食な子は、人づき合いがうまくないように思う。しかし、ひと品やふた品食べることのできない料理があるからといって、泣かせるほどの思いをさせて食べさせる必要はあるのだろうか。明らかにわがままを言っているときにはかなりきつい強制も必要だが、毎日の楽しい給食に、いちいち「嫌いな物も残さず食べよ」

とやる必要もあるまい。吐き出すほどに食べられないものを強制されつづけたがゆえに、性格がゆがんだ気がするという体験もたまに耳にする。

体質的に受けつけないようなものを無理して食べてみたところで、果たしていい栄養になるのかどうか。いつかラジオで耳にしたが。ちゃんと名の知れた人（だった）が「私は肉をよく食べるが、野菜は一切口にしません。その分、緑茶を飲んでいます」と。野菜で摂るべき栄養が緑茶でカバーできるかどうかは疑問だが、世の中にはこうした人もいるくらいだから、一品や二品食べることのできない食品があっても、それほど健康には影響しないのかもしれない。

あれもこれも嫌いだとするわがままな気持ちのほうが問題である。食べ物だけで矯正しようとせず、日常のあらゆる場面で精神を高めるように仕向けることが大切でしょう。「こういうものは、なるべく食べないようにする」というのも一つの自己主張であり、個性的な生き方でもあろう。

6　小食《こしょく》（少食）な子もいる――学校給食（その二）

真面目に食べる　成長期の子どもの、身長の伸びと食べる量とは比例するのだろうか。「たくさん食べて大きくなれよ」と育てるのだから、大雑把に見れば、たくさん食べる子は体格もいいわけだ。そこで、保育園や学校給食では、「好き嫌いを言わずたくさん食べよう」が最優先目標となる。

五体満足だが、生まれつきの体質が尾を引いていて、低学年のときは階段の昇り降りにも難渋した彼と、六年生の修学旅行をした。

高学年になってからは、何でもみんなといっしょにできるし、欠席もない。が、体は一回りも二回りも小さくて華奢だし、激しい運動や遊びは一歩も二歩も譲らなくてはならない。給食は好き嫌いなく食べるが、量は少なめだし、怠けたり遊んだりしているわけではないが時間がかかる。生真面目な彼だから、盛りつけられたものは残さず食べようとしている姿が痛々しいほどなので、「残ったっていいんだよ」と時々声をかけている。給食の時間が終了すれば、残っていても片付けるようにさせているが、彼はお掃除の時間直前まで食べつづけている。

幕の内弁当　修学旅行の横浜・東京の予定のコースが終わって、新宿駅から列車に乗り込んだ。後は帰るだけなので、ゆったりした気持ちだ。そこへ早めの夕飯「幕の内弁当」が配られた。前の席の彼も、みんなといっしょに食事をはじめた。みんなは食べ終えて空き箱の片付けをしたが、食べている途中の彼だけは、いつものように片付けからはずされる。
車中を一巡して席に戻ってみると、依然として食べつづけている。それからどのくらい経ったか、彼のことはすっかり忘れていた。うとうとっとして、ふっと顔を上げたら、さっきのままに弁当を抱えている。甲府あたりだ。「凄い、なんという奴なんだ!」。弁当の中身は八・九割がた消えていた。そうか。単なる少食ではないのだ。食べるのに時間がかかるだけなんだ。誰に強制されたわけでもない。でも彼は食べつづけている。生まれるとき、命の危ぶまれた子だと聞いているが、大丈夫だ。この子は生ききっていく。

規定量　また別に、これは確かに「少食」だなという子もある。

「上の姉も下の弟も何でもないのですが、この真ん中の娘には、ほとほと手を焼きましたねェ。少食なんですよ。保育園も小学校も何度も呼び出されました。こんなに食べない子は、めんどうみられない。お母さん来てみてください」と。

現在は、中肉中背の高校生女子――特にスポーツマンではないが、スポーツでも何でも普通にやっている。「今でも少食ですよ。学校から帰って来てお腹がすいたと言うので、そのへんのものを何か一品二品つまんで食べると、もう夕飯がほとんど入らない」「私が呼ばれていくと、みんなお掃除をしているのに、一人だけ給食を食べているわけです」。盛りつけられた量が、ほとんど減っていない。怠けている、わがままを言っている。このまま許容したのでは給食指導をしていることにならない。時間を度外視して強制する、でも食べない。もう親を呼びつけて……となるのでしょう。

ふぞろい　元来が「少食」な人というのは、時間をかければたくさん食べることができるのでもなさそうだ。極端に少食でも体格が極端に劣るのでもないのかな。どうも不思議だ。

大人になった昔の教え子から「先生は給食のことで厳しく言わなかったのでよかった」と言われると、給食指導で手を抜いていたように聞こえて、うまくない気がする。それでも、いざ食べているときになると、「どうしても食べることができなければ、残しても仕方ないよ」と言ってしまう。好き嫌いで食べられない物があるときには、申し出るようにはしている。また、食べるのに遅くなる子には、「早めに配膳してもらって、一斉にいただきますをする前から、食べだしなさい」と言いつける。終了をそろえるには、先にスタートさせるしかしょうがない。そうしないと、この子の食後の休み時間、遊び時間や、お掃除の時間を取り上げてしまうことになる。食事のために、この子の「遊ぶ権利やお掃除をする義務」を奪うことはできない。

7　絵日記／タネのつかみ方

〝じゅんばんにたべれませんでした〟

鉛筆を持って字を書くくせをつけたいから絵日記は毎日の宿題となる。うちの生活を知るのに手っ取り早い。一人ひとりの日記を見せてもらうことは楽しい時間なのだが、忙しい日課の中で毎日となると、見る時間の確保に苦労し、おざなりになることもある。

はじめのうちは珍しくておもしろくて書きまくってくれるが、そのうちに飽きてくるしタネも切れてくる。

「きょうは、ひろこさんとあそびました。おもしろかったです。……」とくるから、「どんなことをしてあそびましたか」と朱を入れるが、遊んで気分が浄化され透明になっているのだから、それ以上言葉は出てこない。

▽3月15日（月）てんき雨〔正男〕

かえってきたら、アイスとおかしのバナナをたべました。バナナのつぎはアイス、アイスのつぎはバナナというじゅんにたべようとしたら、バナナをちょっとくってからアイスをぜんぶたべてしまったので、じゅんばんにたべれませんでした。

どの子にもこういうおもしろさを求めても、できるものではない。「アイスをたべて、ぼくと弟はハズレでした」で終わってしまう。この前のときは、「弟のはアタリだったので二本たべれて、ぼくはくやしかった」（ここでのアイスとは、アタリくじ付きの棒アイスのこと）と書けたが、そういつもいつもアタリは出ないので、詳しく書くほどの中身がない。

日記だけが気になる　ろくに中身がなくても、同じようなことを同じように書いて提出できることも一つの大事な能力である。このことも先生が認めてやらないと、大概の子は書く価値がないからと『書くこと』をやめてしまう。

学校から帰ってきて寝るまでの時間を、『きょうは、何を書こうか』とだけ心にかけて過ごしている子がある。テレビを見ても楽しむでなく、宿題も手につかず、風呂も食事も家人の話も、何もかもすべてが上の空である。「お前さんは文学者ではないのだから、そんなに苦しまなくていいんな。毎日同じようなことを書けばいいんな！」と言っても、うちの人の指示には従えない。「先生がちゃんと書けって言うから」と修行僧か哲学者のような瞑想思索の生活をしている。

休むこともある　日記以外のことでも、心を込めてやるべきことがいっぱいある。苦しさに耐えても書かせるよさもわかるが、その大義のために、たくさんのことが犠牲になってもつまらない（角《つの》を矯《た》めて牛を殺しているのかどうか〈欠点を直そうとして、かえってだめにしている〉の判定は、むずかしいことだが）。子どもたちも飽きてきたし、こちらもいい指導の手だてのないときは、中断することにした。「書ける人はつづけなさい。休む人は休んでよろしい」と。

つづけるためには、まず、その子に応じた取材の仕方を具体的に指導しなくてはならない。一、二か月書かせたところで、どんな内容を取り上げているかを自己点検させる。一年生の二学期だと「誰ちゃんと遊んだ、アイスを食べた」と『自分のしたこと』で尽きる子が多い。億劫がらずに書ける子は、自分のこと以外に『うちの人のこと、お天気のこと、何か見たり聞いたりしたこと、思ったこと』など取材が広範囲にわたっている。

書くための指導　▽べんきょうするとき、おとうさんのへやのつくえでやりました。あんまりやりやすくないので、おかあさんにきてもらってベッドのところでみてもらいたかったけれど、いろいろなことをゆったり、あたまをたたいたりするので、もっとやりにくくなりました。でもやっとさんすうのしゅくだいができて、えにっきをかきました。（秀子）

豊かな文章は「けど、しかし」（逆接）が使われている。アイスを食べた。「そして」（順接）でいくと、おいしかったで終わりになりやすい。ところが、「けれど、しかし」と逆接の言葉を心の中でつぶやくと、今まで気づかなかったことが出てくる。出てくるように具体的な訓練をする。

順接でいく場合には「そして」とやらずに、「アイスを食べた」の次の文の頭は「そのアイスは」とか「食べたことは」とわざと〝しりとり〟をやると次の一文が書ける。そして、また次と。子どもたちの、時々の関心や発達に応じて、取材の仕方、順接逆接のうまみ、しりとりの仕方など具体的に指導しつづけなくてはならない。書かせておけば書く力が伸びるものではないだけに、日記指導も先生にとっては手強い仕事の一つである。

8 学習意欲のあるなし

やる気を削ぐ　やる気のない子を、どうやってやる気にさせるかが学校やPTAの研究会の課題となる。自分からやる気で取り組む子になってくれるようにと心を遣うのが子育てであり教育なのだから、このテーマでいいわけなのだが、どこかでちょっと引っかかる。

やる気のない子を……と決めつけていいのかな。確かに、子どもを見ていると、もっとやる気を持って取り組んだらいいのにと思えることはある。しかし、根っからのやる気のない子なんているわけがない。誰だって、今よりよくなりたいと思っているのだし、向上しようと思っているから生きていられるわけだ。

やる気がないと映るとしたら、その子のやる気を誰かがどこかで阻害しているのだ。やる気を削いでいるのは誰か、何か。どういうことがやる気を妨げているのかを追究すべきことなのだ。

意欲の示し方のちがい　子どもたちは、自分のやる気について、どんなふうに感じているのだろうか。五年生三一名に、国語と算数についての取り組みの状況を尋ねてみた。

宿題だと言いつかれば、最低限何かやってはきているが、それとは別に、次のように問われたら、自分の気持ちに最も近いものはどれか。

A　言われても言われなくても、やるだけのことは勉強するほうだ（国語七名・算数一五名）
B　言いつかると勉強する。言われないとやらない（国語一四名・算数一一名）
C　言いつかってもやらないほうだ。どうもやる気がしない（国語八名・算数四名）
D　言いつかってもやらないが、自分の勉強になるようなことは、何かやっているつもりだ（国語二名・算数一名）

勉強せよと強制さえすれば、子どもとは勉強するものなのだとするのは、大人の身勝手な理屈でしょう。大雑把に見ても、ABCDと特徴が見られるし、さらにAと回答した子、Bと回答した子の一人ひとりは、その時々にいろいろな思いをしているはずだ。

どしどし宿題を言いつけてくださいと先生に注文するお母さんたちは、自分が子どもの頃は、AかBのタイプだったようだ。学校で言いつかったことさえ、ちゃんとやっていけばいいのだと妙に割り切っている親御《おやご》さんにお目にかかることがある。

子どもの思いは、なかなかそう単純に割り切れないところがある。うちの子は、比較的どのタイプに近いのかなァと考えて、それに応じた指導・助言をすることも大切だ。

このA～Dの傾向は、生まれつきとか、一度そうなれば変わらないというものではない。五年生のこの時期にたまたまこうだったというものであって、学年発達も教室の環境や雰囲気、周囲の状況などでいくらでも変わることもあるし、また比較的長時間のくせになっていることもある。

学校の授業では、やる気があろうとなかろうと、どこをどうやれと先生に強制される。が、うちでは、やるべきところも、やり方もまかされるので、よほどの意欲と決意を持たないとできない。だから、A～Dのちがいは、その子の動きを左右する。

意欲の強弱と学力との相関　A～Dの一人ひとりについて、学力（実力）と意欲との相関を捉えて、毎日の指導で配慮している。

意欲の強さと学力とを担任の勘で数値にして表し、全員を一覧表にすることで、どの子をどう指導したらよいかと考えてみた。学力10と見た子が意欲10と感じる子もあるが、意欲10と見える子でも学力は7と見える子もある。大方は、意欲が強い子は学力も高いとは言えるが、必ずしもすべてではない。

S子、言われるとやるけれど、言われないと遊びたいので、あまりやる気が出ない。国語は算数に比べて、あまり興味がないのでやりたくない。作文なら書ける。漢字を覚えるのなら、少しはできる。

T男、あまり国語には関心がなく、漢字練習などやらなくても困らないので、言いつかったとき以外は、二、三分しか見ない。

本人自身が自分のことをやる気が強いと見ているのか、やる気はあるのだがやらないと感じているかも問いただしたい。元来やる気・意欲のない子なんていないのだから、「こうしてくれたらボク（ワタシ）は、もっと頑張れるんだけど」と言えるようにも鍛えておきたいものだ。

9　学校へ行って、みんなと過ごしたい

楽しみを見つける　何か心に期することがあって学校へ行くのと、ただ漫然と行くのとでは、動きがちがうし成果がちがってくるにちがいない。人なかに出ることは気楽にしていられないからかなわないが、欠席する理由がないから学校へ行くしかない……ということであっても、心のどこかに学校や自分に期待するものがあれば何とかなる。

そのような考えから、子どもたちに向かって毎日毎時間、次の学習の楽しみを予告し、「よし、やりたいなァ」と火が点くようにしているつもりで、「究極は自分自分だからね」と次のようなお説教をした。自分で何か一つでいい。『明日これをやりたい』と期待で胸をどきどきさせて登校してほしい。期待は楽しいことばかりではない。できるかな？　の不安もあるし、いやだけどやるしかないぞという意地もある。やりたいことを見つけるには、心をうんと遣わないと見つからない。ぼんやりと暮らしていては見つからない……云々と。

翌日（水泳シーズンだった）このお説教について感じたことをメモさせた。

これをしよう！　イ　先生の話を聞いていて、そういうふうにやればしっかりできるからいいと思いました。私の今日の勉強の楽しみなことは体育で、平泳ぎをいっしょうけんめいやりたい。記録会に出たいから。（A子）

ロ　ぼくは、きのう先生の言ったことについて、いいと思うからさんせいです。（B男）

ハ　楽しみをつくるということは、前の日に予習をやってくることと同じことなので、自分としては、これからも一つ（一教科）は予習して発言できるようにします。（C男）

ニ　今日一番楽しみにしてきたことは、算数の図形の拡大と縮小のところと水泳です。（D男）

ホ　今度からは、予習して、楽しみを持つようにしたいです。（E子）

このような反応があった。

登校拒否　さて、お母さんといっしょにいたくて託児所や保育園で困らせる乳児幼児は別として、少し親離れをはじめれば、保育園や学校へ行ってみんなと過ごしたい、一人でいてもつまらないになる。

学校へ行かない子があるとしたら、当人の意志で拒否しているにちがいない。はっきりした意志・意識での拒否もあるが、多くは、顕在意識以前のもっと本能に近い感覚的拒否なのでしょう。

学校という制度を拒否するか、先生という人間あるいは先生の発する雰囲気（教育のやり方）を拒否するか、クラスの仲間・人間関係を拒否するか、その他自分の暮らし・家庭とか社会とか環境とかを拒否するかである。ただ何とはなく行かないでいる、すなわち不登校などということはあり得ない。不登校と規定すれば責任の所在は子どものほうへ行くが、登校拒否とすれば責任は大人の側に来る。

そうはいっても、病気とか障害とかということはあるので、この境目は、うんとむずかしい。

粗末にゃならん　拒否されたからといって、おいそれとその子の望む方向に学校も先生も社会環境も変えることはできないし、変えてはならないことだってある。だからといって、拒否する奴が悪いのだと一方的に切り捨てたのでは、拒否した問題の核心はつかめない。

拒否する側の一方的な利害得失が原因のこともあるが、今の時代の子を育てるのに、学校や先生や社会環境がふさわしくない場面だって生じているにちがいない。だから学校五日制にしたり、教育改革をしたりして、いつの世でも、改革・改善をしつづけてきている。

登校拒否の子が、この学校へは行きたくないが別の学校なら行ってみたいと言って、行けるようになる事実もあるし、やっぱりだめだったのこともある。

将棋指しの無駄口に、〝出て来たお客は粗末にゃならぬ。というのがあるが、とにかく学校へ来た生徒を大事にするしかない。

学力第一だが、学力とはその子が生きていく力のこと。生きていく力・生きる喜びの育成増強を根底として、その上に教科の学力が乗っかっているにちがいない。教科の学力をつけることだけが前面に立ちすぎると、学校へ行く喜びの育成の方が軽くなるおそれが生じやすいので、気をつけなくてはならない。

第五の話

一斉にやって、ひとりずつ

——授業のあり方は

先生が知識を切りとっては生徒に投げ与える授業の仕方

1 一斉授業の虚――〝かわいいウウつの子があるからネ。ゴンちゃん。

個に応じる　授業の形態をうんと大雑把に分けると、「先生がやっている場」か「生徒がやっている場」かになる。

先生がやるとは、説明をしたり、解説をしたり、指示をしたりしている場、要するに、先生がしゃべっているとか演じて見せている場である。この時間帯は、生徒にすると、聞いていようが、よそごとを考えていようが、とにかく時間は流れていく。

生徒がやっているとは、先生の指示で、「何々とは何か」を考えたり、読んだり書いたり、問題を解いたりしている場である。

学習とは、究極は生徒一人ひとりがどうやるかのことであるから、一斉であろうと何であろうと、自分のペースで進めてくれることが一番いいわけだ。この点から言うと、「生徒のやる場」は一斉ではあっても、個に応じやすいが、「先生のやる場」は、個々に応じながらの配慮はしているものの限度がある。先生は生徒たちのペースに合わせながら進めてはいるが、生徒たち個々が先生のペースに合わせるべく努力をしているから、一斉は成り立つのである。この合わせたりしているところに一斉授業の核心がある。

キョが出るまで　六年生の国語の授業。「挙げる」の音《おん》はキョだと印象深く記憶させようとしている授業場面でのこと。

「〝挙げる〟の音《おん》は何という？——えぇ、A子さん！」。

今朝、児童会の選挙があり、投票をすませて教室に入ったばかりだったので、すぐにキョと出ると思ったようだ（人さまの授業を参観していてのことなので、A子の実力も、この場面での指名の意図もつかめないのだが）。返事をして起立したが、A子は無音。つづいてB男君が指名されたが、これも無音。すると隣の席の男の子二人ほどが、ひじを伸ばしたり縮めたりして投票をする格好をして、選キョに気づかせようとしている。わかっている連中にしてみれば、キョ一つでこんなふうに授業が停滞しているのはたまらない。

　こんなとき、先生としては、授業のテンポを上げたければ、確実にキョと出る子を指名するか、みんなで言わせて、「そうだね。キョだね。きちんと覚えておこうね」と進めればいい。また、少しテンポは落ちても、キョの出にくい子を指名してつまずかせることによって、キョが不確かだった子どもたちにきちんと記憶させようとする。ここでは後者の意図のようだった。

　二、三分経過したがキョが出ない。緊張に耐えられなくなったのか、K男が右腕を挙げて曲げたり伸ばしたりした。「K男君、何をしているんだ？」。楽しそうに投票のジェスチャーをしている前の席の連中の真似をしただけだったので、答えられない。「音《おん》は何だ？」の先生の詰問にひじを伸ばしたり縮めたりして、「だから音《おん》はシューです」とすっとんきょうに答えたので教室中がどっと沸いた。怒りたいところだが、先生も苦笑い。

そうこうして、キョの音を確かめるのに都合一二、三分かかった。さらにこんなときは、「今朝も選キョと使っていたじゃないか。ぼんやりしとっちゃだめだ」とお説教がはじまってしまい、一〇分や二〇分すぐに経ってしまう。

どこの教室でも日常ごく普通に見られる風景なのだが。初めからキョのわかっていた子にとって、この一三分間は何であったか。覚えていない子にとっては、考えてわかることでもないとすると、A子やB男にとって、この一三分間は何であったか。

先生の場　「二と四分の三は四分のいくつだ？　ゴンちゃん」とやったら、「ウ……ム」となった。分数の割り算を解説する。「先生のやる場」（生徒とやりとりしながら考え合っていく場というより、先生がどんどん説明していく場）でのこと。即断即答は苦手だが、誠実着実なることは類を見ない人柄だ。四分の七となることなど朝飯前にできている人だ。「しまった！」。この子に今は問うてはいけなかったのだ。当人は、「先生の場」だから突然の指名はないと思っていたから、『分数の割り算の仕方』そのものを考えていたにちがいない。授業中、気を散らすような子ではない。一と四分の…の一が四になるなんて、数字のマジックのようで不思議なものだなあと考えていたにちがいない。

こんな先生の失策を敏感に感じ取ったヒロ君。控えめな黄色い声で、〽かわいいウウつの子があるからネ。ゴンちゃん……と歌った。ヒロ君と目が合って互いにニッコリした先生は、重くならずにこのゴンちゃんの「ウ……ム」となった難関を突破することができた。

2　さる・かに方式

ちぎっては投げ　サルが柿の木の上から、下にいるカニに向かって柿の実を投げ与えるように、先生が知識の体系にどっぷりと浸かっていて、知識の一部を切り取っては、丸裸で無防備な生徒に投げつけるように授けるやり方。生徒の状態如何にかかわりなく、伝授する側の一方的な理由でなされるところにこの方式（授業の仕方）の特徴がある。

この対極は、かじりとり方を教える方式（授業方法）。カニ（生徒）が知識の体系へどのようにかじりつき、どう口に入れるかを実際にやらせながら、最終は生徒自身の実力として実行されていくところまでを教えたり援助したりする。この両極の間に、〝人を見て法を説く〟の千変万化の指導法が生じる。

詰め込み　三学期もこの頃（二月）になると、この学年で教えるべきことは教え終えたかどうかと点検し、まだやってないものがあると急いで対処する。積み残しておくと、次の学年になったとき、「何だ、お前たちは前の学年で教わってこなかったのか」と怒られてしまう。それで、子どもたちがわかろうがわかるまいが、やるだけのことはしゃべりまくる。まさに、さる・かに方式である。「いいか、これで教えるべきことは全部教えたからな。後で、教わらなかったなんて言うなよ」と念を押したりする。先生がそう言うものだから生徒のほうでは、「ハア、ハア」

と全部教わったような気になるよりしょうがない。

決してうまいやり方だとは言えないが、たくさんの授業の中には、さる・かに方式でしかやれないこともいっぱいある。一人の子について見れば、いつでも自分がわかるようには教えてもらえないのだし、わかるまで授業が進まずにいることもないのだから。一回ていねいに教わればすべてわかってしまう（ということもあるが）というわけにもいかない。二度三度と教わって、やっとわかるということだっていっぱいある。だから一回目で、何でもかんでも全員の生徒がわかるまで時間をかけることが、必ずしも親切でよい指導だともならない。さる・かに方式であろうとなんだろうと、一通り、さあっと教えてしまうことも大事なときもある。

わかったか？ 授業をやっていて、「ウワァー、こりゃあ、さる・かにだ」と自分自身のやり方のまずさを感じると、ふっとそのやり方を中断して方向転換をした。「まてよ。今おれがやっていることは、おれ自身、本当にわかっていることか？」と。だいたい、先生が子どもたちに向かって「わかったか」と念を押すときは、先生自身が心底から納得していないときだと思ってまちがいない（私の場合はそうだった）。赤く熟れた実か青い実かをちゃんと見分けて、熟れた実だけをもぎ取って投げ与えていれば、子どもたちが食べていることぐらい「わかったか？」と問わなくたってわかる。

何でも知っているんだぞ、おれはえらいんだと知識の体系を後ろ盾にして、赤い実と言わず青い実と言わず手当たり次第にもぎ取っては投げつけていれば、青い実をまともにくらった者は、味噌《みそ》っ潰《つぶ》れ（ペシャンコに潰れること）だ。「オラア、さっぱり勉強がわからん。手がつかん」となる。

こうなっておるんだ　『見、師と斉《ひと》しければ師の半徳を減じ、見、師を過ぎて以って伝授するに堪《た》えたり』（弟子の見識・見解がその師とまったく同様・等しいようであるようならば、弟子はその師の徳を半減させることになる。師の見識をさらに超えるものであってこそ、その弟子は法を伝授されるに値する、との意。禅家の言葉。「見与師斉、減師半徳。見過於師、方堪伝授」『鎮州臨済慧照禅師語録（臨済録）』行録）と言われるが、私は全教科・全分野にわたって師（各教科内容の真理）を越えるほどの見識はとても持てないし、実力をつけることもできない。赤い実か青い実かの区別もつかず未消化のままで、伝えなくてはならないこともある。生徒からの鋭い質問の答えに窮して、「本当は先生にもよくわからんのだが、こういうことになっておるんだ」と言いたいときもあるし、言ってもきた。知識の体系・人類の文化財を後ろ盾にしてふんぞり返っているのは言語道断だが、赤い実か青い実かの区別のつかないことを必要以上にびくつくのも、おもしろくなかろう。

3　目を使い、心を遣って

いない？　お天気も安定しており、子どもたちの健康状態も心理状態も安定していると見ていたある日の朝、一時間目の授業をしていたら廊下に大人の影がある。不審に思って戸を開けたら、カバンを背負った久保田君とそのお母さんが立っている。「今朝、どうとかこうとかして遅刻したので送ってきたからよろしく」とのことだ。

「戸を開けたら廊下に彼がいたという事実にびっくりし、真っ青になった。彼は教室にいてみんなといっしょに授業を受けているはずではないか。後ろを振り返って彼の席を確かめてみたくなった。今朝も、いつものようにちゃんと出席を確かめて一時間目の授業をはじめたのだから、彼が廊下にいるわけがない。平静さを装って、「アアよしよし、教室に入ってみんなといっしょにやりな」と受け入れた。それにしても、もし事故にでも遭っているのを見落としていたとすれば……と思ったら背筋が寒くなった。先生として絶対に見落としてはならないことなのに、慣れによる横着さを厳しく反省させられたことだった。

見ていない　分度器で角度を測る授業のとき、ついつい一時間中測れなかったのか、次の日の授業で分度器を当てるべき位置に当たらない子がある。あれだけていねいに、わかりやすく授業をしたのにとは思っても、この子のやるところをきちんと見ていなかったことに気づかされる。

全員をまんべんなく見ているようでいて、その実、まともには一人も見ていないということが起きる。その場その場で目につく子だけを、つまみ食いをするようにちょこんちょこんと見ていて、一人の子を授業の始めから終わりまで連続して見ていない。もちろん一人の子だけに焦点を合わせてはいられないので、見るとは言っても心に感じる感じないの次元のことではあるが。

一人につき五分の一秒か一〇分の一秒あれば、その子の身になって感じることはできる。だから四〇名いても二、三秒間あればいい。「今言いつけたことがわかってやっているかどうか」と二、三秒立ち止まれば、教室中の子どもの心を感じることができる。

意識してやらないとできない。意識して一人ずつ心に描く。意識してその子になりきってみる。一時間中やるべきことなのだが、生徒の側だけに立っているわけにもいかなくて、教材の中身の側に立ったり、先生の側に立ったりするので、要所要所でやるしかないのだ。

先生の目となって　このように目を使い心を遣っても見落としが生じる。一つの角度を測定するのに二分三分と操作時間がかかっているのを、五分の一秒間その子になりきって見ても、きちんと操作しているように映ってしまうからだ。

「分度器のこの線をここへ当てて……」と言われても、分度器には斜めのような線がいっぱいあって、どれがどれだかわからん。角度が開いている・すぼまっているということ自体、何のことかわからん。コンパスの二本の脚を開閉しても、扇を広げたり縮めたりしてみても、事実だけがおもしろおかしく見えているだけで角度の開閉には見えない。

手をとって、操作させながら見てやらないとだめだ。が、見遂《みおお》せないときがある。そんなときは「隣近所で見合ってみろ」と時間を確保してやる。「できた人ができない人に教えたり、世話をしたりするんじゃないぞ。自分のやっていることがいいかどうかを確かめさせてもらうんだぞ」。こうして先生の目となったり生徒の目となったりするようにもさせている。

わざとやる　わずか五分の一秒、一〇分の一秒その子になりきるとは言っても、毎時間要所要所で確実に実施するのは、とてつもない意志とてつもなく気のくたびれることだ。

一日終わって眠りに就くとき、教室の席順にサアーと一わたり子どもの顔を浮かべてみる。が、どうしても顔が浮かんでこない子がある。一日中どの時間帯にも一度もきちんと印象に残さなかったのだ。次の日の朝は登校してくるのを待ち構えていて、まずその子にわざと声をかけ、目を合わせて、印象に残すようにした。

4 予告する／生徒が見通しを持てれば

進行計画　体育でサッカーの授業の始めに、「今日は、始めの一〇分間でグループごとに何々の練習をしておいて、後は試合をする」と、一時間の流れを予告する。このことで、子どもたち一人ひとりは、自分は何をすべきかの覚悟ができて、授業に取り組む姿勢が主体的積極的になる。

サッカーはやりたいことなので、予告があろうとなかろうと、よしやろうの意欲になるのかな。やりたくない授業だと、やるべきことや授業の流れを予告されれば、ますますやる気をなくしてしまうのだろうか。

大人たちの会合で（今はめったにそんなことはなくなったが）協議する議題がいくつあるのかも知らされていないし、協議時間の配分や計画もわからないことがある。その上自分の側にも積極的な意見の持ち合わせもないままに会合に臨んでいるときなどは、いつ終わるのだろうなどとよからぬことを考えたりしてイライラしている。ところが、同じようにあまり関心のない議題の会議でも、協議時間配分が示されていて進行されていれば、イライラせずに参加していられる。

予告し覚悟させる　子どもたちが授業に臨むときも、やるべきことを予告して覚悟をさせることが重要だと強く感じることがあった。私が教員駆け出しの頃は、こちらがやるべきことさえやっていれば生徒はついてくるものだと決めていたから、うまく授業を流すことだけに汲々としていた。ところが、だんだんと子どもが見えるようになったら、いくら生徒たちのためにと授業を組んでも、一人や二人、あるいは三人や五人は授業の流れに乗れない（乗らない）者があることに気がついてきた。

このことは、人さまの授業を参観させてもらうと、はっきりと見えることがある（その先生の授業がいいとか悪いとかの次元ではなくて）。先生の側では、至れり尽くせりの準備をし、どの子にもわかるようにと親切な発問を用意して授業をしているのに、さっきからずっと我関せずでいる生徒がある。授業の動きから見て、今、この子だけをどうこうすれば全体の流れは停滞してしまう。やらない奴がいけないのだと言ってしまえばそれまでなのだが、それでも何とかしたい。

やっていなくても授業は流れていく　『温帯地域の三か所の雨温図を見て、気温と降水量、植生などと関連づけて、……気候の特色をつかむ』が学習のねらいで、挙手をして順に発言している。先生は次々と生徒の発言を促している授業場面でのこと。単なる怠けで授業に乗らないでいるのか、勉強不足でわからずにいるのか、わかってはいても発言の要領がつかめないでいるのか、わかりきったことなので無視しているのか、乗れない、乗らない実情はそれぞれあるでしょう。もちろん、挙手した子だけを指名するのではなく、このあたりであの子を活躍させたいなと思えば、挙手はなくても指名したりもする。こうして一人残らず授業に乗せるべくやっているのだから、場面場面では授業に乗らない子があってもどうしようもないこともあるのだ。

しかし、一時間中乗れない子があったとすれば、それでは授業をやったことにはならない。「今」は乗れなくても、あと五分経てば、この授業の形を変えるから、それまでがまんしていてくれと祈るような気持ちになることがある。五分経ったら、めいめいが自分で『写真を見たり説明文を読んだりして、調べたり考えたりできる時間を保障するからね』と先生の側では計画しているのだが、生徒には知らされていないことが多い。

見通しを持たせる　授業の流れがわかっていれば生徒は『よし、今は乗れないが、あと五分経てば、これこれの授業の格好になるのだから、そのときには乗れるように、今から準備をしていよう』と見通しが持てて覚悟ができる。生徒にとっては、このように授業の見通しがつけば、どこで緊張すればよいかの覚悟ができるが、見通しが持てなければ、ただ漫然と先生の言いなりの「受け身の態度」となってしまう。

体育や技術科、理科の実験では、やるべき内容や手順や方法、時間配分まで細かく「うつし」(説明し、予告すること)をする。やるのは生徒であって先生ではないのだから、あたりまえだが。多くの教室の授業では、一切は先生の胸三寸にあって、生徒は黙って従っている格好になりがちである。これでは、真の自主的な学習態度を育成することにはならないであろう。

5　早い子をどうする——自学自習の大切なことも

黙って待てる　「今から一五分で、これをやりなさい」と言いつけたかぎりは、一五分間で全員の子がやり終えてくれないと、次の授業展開ができなくて困る。そこで「仕上がらない子をどうするか」が絶えず職員間の研究課題となる。その一方で、五分や六分で「やっちゃったァ！」となる子への対応も苦慮する。

済んでしまった子は「一五分以内なんだから、見直していなさい」と待たせておけばいいようなものだが、そうとばかりもやってはいられない。——みんな熱中しているのだから、ボクももっとやりたい。ただ黙って待っているだけじゃつまらん——という子もある。人さまが一五分間緊張するところを、五、六分間に集約したのだから、緊張度は二倍三倍になっている。息をつめての緊張だから、おしゃべりをして呼吸を取り戻したくなる。学校は自分勝手の許されないところ。一五分間は黙って待てる人間にしなくてはも大事な躾ではある。が、いつでもこの大原則ではもったいない。伸ばせるものなら伸ばしてやりたい。

やっちゃったァ　学年が進むにつれて「学校とはこうした待ち時間のあるところ。この待ち時間は、自分のためにこう使う」との自学自習のやり方を身につけていく（発達に応じて、よりうまいやり方を示唆しつづけたい)。しかし、低学年ほど、一斉にはじめて一斉に終わるようにしないと不徹底になりやすいので、ついつい「待っとれ」の時間が多くなる(これは、日常の教室でのあたりまえの表現で、「待っていなさい、待っているように」と言っているひまもないほど、ぎりぎり切迫しているので、こんな表現となりやすい)。

右から左へ書き写す単純な作業でも、一五分で二倍や三倍の分量のちがいがある。まして考え考え、答えを出す学習では当然差が出る。早く済む子への対応にまで頭がまわらないままに言いつけたときなど「やれやれ、やっと静かにやりだしたな」と思うか思わないうちに、あっちこっちから「やっちゃったァ」の声が上がって、まだ途中の子への対応で精一杯だから、先生のほうはパニック状態になる。

強制しない? この頃、目にした学習参考書をPRする文章に『……かって学校は、すべての子どもを同じに扱い、すべての子どもに同じ学習をさせてきました。そしてそのために、子どもたちに勉強を強制してきました。しかし、近ごろの学校はちがいます。「個性化」を尊重して、子ども一人ひとりにちがった対応をし、一人ひとりにちがった学習をさせようとしています。できるだけ「強制」を避け、子どもたちに「選択」させています。……』とある。これは「個性化・選択」とは何かを論じたものではなく、自学自習の態度がいかに大切か、これらの参考書を利用すれば自学自習になるとの論旨の一部分として読み取らねばならない。しかし、それにしても、学校はこんなふうに「個性化」を重視しているのではない。昔も今も、教室ではすべての子どもに同じ学習を、徹底的に強制している。「する子」にはやらせて、「しない子」にはやらなくていいなどと「選択」させているのではない。

次の課題を用意する　やる子はやれ、やらない子はやらなくていいなどとやっていたら、いっぺんに信用を失ってしまう。どの子にもどの子にも不公平なく徹底的に強制した上での、ぎりぎりどうしようもない境地での苦肉の判断であり、苦痛を伴った選択である。一五分間精一杯やらせた上で、間に合わない部分を残している子には、「そこまででよい」と認めないと、次へ進めない。もっとやらせればもっと伸びるのにと思う子でも「待っとれ」とやる。こんな権限は誰も持ち合わせていない。どの子においても、唯今《ただいま》の学力の高さを「これでよい」と本人はもちろん、先生だって誰だって判定などできるものではない。人智の及ばない境地だ。心の中で掌を合わせている。

こうした極限状況の思いの上で、さらに伸びる可能性があると見えた子には、次々と課題を課してやりたい。課したからと言って進捗状況をチェックする必要はないだろう。自己評価にまかせればいいのだから先生の負担にはならない。そうとわかってはいるのだが、一斉の課題を用意し強制し、早い遅いの一通りの対応を考えておくところまで精一杯で、早く済んだ子へ次の課題を用意していくことは至難の業ではあるが、やりたいものだ。

6　先生の考えを話してくれ！——授業構成のこと

立ち往生　初めて教壇に立った頃、一番恐れていたことは、授業中に教えることがなくなったらどうしよう、だった。気兼ねな（他人の思惑を考えて気を遣う）会議の司会者となっているとき、発言する人がなくて会議が進まなくなる怖さと似ているのかな。

教えるべき内容がなくなるのも不安だし、教え方（授業のやり方）がなくなってしまうのも怖かった。教育実習などでは、授業に行き詰まって立ち往生するといって恐れられた。これは授業とは先生がやるもので、生徒は黙ってついてくるものという考え方に立っているからであるが。

押し通す　あらかじめ授業の流れを計画していて実行したところ、授業に生徒が乗ってこなくなれば立ち往生である。これがいやなら、生徒の動向などお構いなしに、やろうとしたことを一時間中押し通せばいい。だから、押し通せるだけの内容と教え方を用意していればいいと考えがちである。

プンプン、プリプリ　やることがなくなったらの恐れは、時間があまってしまったらどうしようの恐れでもある。教壇に立ちはじめた頃は、一時間（実質四五分とか五〇分）がとてつもなく長いものだった。あれもやってこれもやって、それでも時間があまったらどうしようだった。

ところが、三年五年とやっていたら、一時間の長さは、どんどん短くなっていった。これだけのことをわからせよう、これだけのことを覚えさせようと意気込んで取り組むのだが、思い半ばで終了のチャイムが鳴ってしまう。自分の不甲斐なさに不機嫌となり、子どもたちの乗りの悪さに腹が立ち、いつでもプンプン、プリプリと余裕のない生活となっていく。

オラアに言わせんでいい　中三の国語の授業で、魯迅の「故郷」を読み味わっていた。読むのも感じるのも生徒自身であって、先生ではない。生徒たちの感じたことを話し合わせることによって理解が深まり、味わいが深まることがいい授業である。

先生が一方的にしゃべっていれば、聞いていてもいなくても（学習をしていてもいなくても）時間は過ぎていく。そこで、自発的な発言がなければ指名をして、無理にでも言わせることによって真剣に取り組ませようとする。

ところが多くの場合、先生と発言力のある二、三人の生徒だけがしゃべっていて、外野席は緊迫感がないし、そうかといって、無作為に全員に指名していてもダラけた授業となる。「故郷」のような作品は、時代背景や人物像の外回りの解説が必要となるから、自ずと先生のおしゃべりが多くなってしまう。私は、だいぶしゃべりすぎていて、いい授業でなくなったからと、「ここで皆さんはどう思うか？」と生徒に発言を促した。

しばらく沈黙があって、低位生と目されている一人の彼（語弊があるが）が「オラアに発言させなくていい。先生の考えを話してくれ！」と言い、みんなも同意の様子。

私は、授業の仕方に異を唱えられたので一瞬ギクッとしたが、真剣な態度であり、反抗的ではない。今は、自分の読み取ったものを大事にしながら、先生の感じたことと比べて味わいを深めているから、オラアたち（ぼくら）生徒同士のしゃべり合いの形の授業でないほうがいいという授業の進め方についての真摯な注文であった。

より高次な授業を　授業の進め方を含めて一日の学校生活の進行が、学校の決まり通り・先生の授業構想通りに押し通すことはもちろん大切なことであり、教育の権威でもある。立ち往生したり、もたもたしていたのでは示しがつかない。

しかし、何でもかでも押し通しさえすればいいというのも了見が狭かろう。「お母さん、怒らなんでちゃんと教えてよォ！」と子どもはよく言う。子どもには子どもの言い分もあり、その場の事情もある。「先生がもうちょっと、こうしてくれたらいいのに」とヒソヒソ声を耳にする。

子どもの言いなりに流されるなどという低次元のことではなく、授業のやり方、流し方でも、ところどころでは子どもたちに注文をつけさせて、先生の知恵の及ばない部分を開発し、より高次の授業に組みかえていくことも大事なことでしょう。

7　どっと盛り上がるときもほしい

黙って聞いておれ！　中学のわずか三年間に、一生かかっても使いきれないほどの知識量を詰め込まねばならないから、いきおい「黙って聞いておれ！」式の授業が多くなる。生徒も、小学生のようにハイ、ハイといった軽っぽい発言は格好が悪いと思っているので、先生が一人でしゃべり、生徒は黙っている形の授業になりやすい。

中学生の時代は、最も感受性の強い心の動く時期で、心が動けばそれに伴って言葉もあふれてくるのだから、「黙っておれ！」と言うほうが無理なのだが、黙らせないと授業が進まない。

黙っておるというのは、黙ることによって相手の言うことを聞こうとしたり、自分との対話をしようとする、知的発達上から見て積極的な面と、黙っておれば無難だからとか、その場から逃避したり放棄したりして黙っているといった消極的な面とがある。積極的に黙っているのならいいが、やる気がなくて仕方なしに黙っているとしたら、いくら教えても伝授したことにはならない。

私語が発生するとき　授業中、先生が話していて、私語が生じるときは、どんなときだろうか。聞く気がなくてしゃべりだすのは除いて、ちゃんと聞く気で聞いていて、私語が起きるのは次のようなときだ。

先生の話が内容的にも話術も、つまらん、わからん、くどい、などのとき。これは先生の側の問題である。もっとも先生側の問題なのか、がまんして聞かない生徒側の問題なのかの判定はむずかしいところだが。

Ａ　先生の話に同意して「そうか、わかったぞ」とうなずくだけでなく、誰かにそのことをしゃべりたくなる。

Ｂ　疑問を感じたとき、「えッ？　そうだっけ？」「そのこと、どういうこと？」と問い合わせたくなるとき。先生には言えないし、隣の誰彼に話しかけたくなる。

Ｃ　ふと聞き損なう。「えッ？　今何て言った？」と隣の人に問いただしたくなる。会議などで誰でもやることで、大人ならヒソヒソッと一言やってすっと黙るが、生徒はつい夢中になってしゃべり合ってしまう。

以上、ＡＢＣは結果的には私語だが、動機は純粋だ。何でもかでも「私語はいけない」とするのは、先生側の独善であろう。

つぶやかせる　これとは別に話している途中で先生の側から生徒の私語（禁ずべき私語でなく、つぶやきとか反応とか）を誘う場がある。

『……信長は桶狭間の戦いで今川義元を倒してから急に大きな勢力となっていった。……』。

これをただ一方的にしゃべるのではなく、「信長は桶狭間の戦いで」のあたりで言葉を切って間を置くことによって、歴史的な状況を想起させたり、興味関心を高めさせたりして話の中へいっそう誘い入れようとする。そのためにつぶやかせたり、「何年だっけ？」と問いを発したりする。何人かが声を上げたり（ここでは、指名した一人が発言する授業の形態ではなく）、がやがやっとなることで、先生の声だけでは存分に授業に乗れなかった子もすっと引き込まれるし、年代や時代背景などがささやかれることによって、次の話すべき『大きな勢力となっていった』に親近感が出てくる。

盛り上がる　ところが先回りをして、「そのときはすごい雷雨となり……」「今川勢は戦勝気分で昼飯を食っていて……」の発言は、お陰で盛り上がることもあるが邪魔になることもある。「カッジ！　お前、うるせェって、よく先生に怒られたなァ」ということにもなる。

反応しすぎて授業の進行を邪魔するのはまずいが、何を話してもシーンと静まり返っていて無反応はもっと困る。A・B・Cをどこまで許容するかである。すべてを禁止すれば授業は沈滞し学習意欲は盛り上がってこないし、すべてを許容していれば授業は混乱してしまう。

気晴らし、怠けの私語ではだめだが、生徒にちゃんとした話す力をつけることも大事なこと。先生ばかりがお話が上手になってもはじまらない。私語ひとつなく教室中がシーンとしてはいるが生徒たち一人ひとりの頭の中は知力がみなぎっている沈黙や、新しい知の発見の喜びでどっと湧き立つ教室でありたい。

8　ふわふわ出歩く子がいたら

からまわり　この四月大学を卒業して、小学校一年生二七名の担任となった女の先生の話。

授業中落ち着きがない・出歩く／ふわふわしている／発言させようとすると、はーい！　はーい！　と大勢手を挙げるが、そんなに当てられないため指名されなかった子がふくれて「もう、おれやらねえ」と教科書を投げ出す／入学式後に「くそばばあ」と言った子がいた／「みんなでやろうよ」と言っても「おれ、やんねぇ」と言う。
毎日毎時間がこんなふうなら学級崩壊でしょうが、一か月二か月やっているうちに、だんだん子どもたちと心が通じ合ってきたようで、一学期を過ぎたときには、「子どもって可愛いよゥ」と、にこにこ語れるようになっていた。
子どものことを知らなさすぎではないかと自分を見つめながら、こちらの考えを一方的に押しつけても子どもたちは動いてくれない、からまわりをしだせば、ますます悪くなるだけだと気づいていったようだ。

子どもの側の言い分　教室の生徒とは、席に着いて先生の言うことを黙って聞くものだを大前提にしていたのでは、一人ひとりの子どもの心の中へは入っていけない。あの四角な教室というものの中に閉じ込められただけで、不安になり落ち着きがなくなる。誰かが「おしっこ」と言って出ていけば自分も漏れそうな気がするし、何かに気をとられていれば、「こっちを向いて」の先生の声も耳に入らない。
「言いなさい」と言っておいて、手を挙げても言わせてくれない。先生が自分勝手に約束を破っていくのだから、ボクだってやりたいようにやるさ……になってしまう。

応じながら、押し通す　ふわふわ出歩く子がいたら、その子だけに、やりたくなることを言いつけてやらせる。これを生徒の数の二七回繰り返せばいい。実際に何人かずつはまとめて言いつけられるので、五、六回か一〇回もやる気でいれば、全員に徹底できる。

学校とは一斉に一回で徹底することを訓練する所だからと、訓練ばかりしていてもはじまらない。要は徹底すればいいことで、訓練は自ずから付随してくることだ。

発表せよと言ったかぎりは、全員を一斉に言わせればみんな満足する。一度に言わせても3と言うべきとき、4とか5とかの声が混じればすぐわかる。指名してその子の見解を質《ただ》す必要があれば、個人指導の場へ持ち込めばいい。答えが見つかって、3と得意げに大声で叫びたいとき、静かに黙って、指名された誰ちゃんの3と言うのを見ておれ、聞いておれという意義はどこにあるのだろうか。

一人ずつが意見を言い、みんなが聞き合う討論・議論は、低学年では先生が先に立って誘導している一斉授業の場では成り立ちにくい。

一瞬も動きを止めることのない衆に、四五分間席に着いていて動くなということは所詮無理なこと。時計の針がここまでは、先生といっしょに勉強するから動くな。その後は、自分自分でやることにするから、ちったあ（少しくらいなら）出歩いてもいいよ。――と事前に納得させる。

高学年でも、座ったままでの本読みが苦痛のとき「ハイ、全員起立。本を持って声を出して読みながら教室の中を歩き回れ。先生になったつもりで」とやったら「えッ？　グラウンドのすみにいる薪を背負った人（二宮金次郎の像）のように？」とびっくりされた。教室中がふわふわするのではないかという心配はない。動きたい欲求が満たされると、読みに集中するから不思議である。

聞いたり話したり　給食の時間が近づいていた。時計の読み方の勉強をしているときだった。12時5分と言おうとしたのり君が「12時、5時」と言ってしまったら、耳聡《みみざと》くまさみちゃんが聞き取って「12時、5時って言えば、4こも針がなくちゃあできんじゃ」と指摘した。さあ大変だ。その場に居合わせたかよ・とし・さあちゃんたちは「えッ？　ちがうよウ！　3こだよ。5こじゃねエか。赤いのがここへ来て黒いのがここで」と模型の時計で針の数についての実証がはじまった。意見を主張したり聞き取ったり、ちゃんと議論になっている。

隣のクラスでは整然と粛々と配膳がはじめられているのが目に映れば「何を騒いどるッ！　さっさと手洗いをして給食にとりかかれッ！」と怒鳴るのが落ち。崩壊だ反抗だと現象を漠然と見ているのではなく、そうなる必然（当人も気づかない必然）をきちんとつかみとらねばならない。

第六の話

やり直しッ！　はない。

――生徒指導のこと

キミ、あなたの価値尺度ゼロの位置はどこか。

1 躾/いけないことは、いけない。

教化する力　今の若い親たちは、子どもを育てるのに白黒はっきりと躾けていないのではないか……。という声を耳にする。若者の非行が話題になると、親がちゃんとしないからだ、学校で「いけないことはいけない」とちゃんと指導していないからではないか……となる。

この通りの面もあるのだろうが、それでは実際にどうしたらいいかとなると、簡単なわけにはいかない。世の中全体が、子どもや若者を教育する力が不十分なのかもしれない。大人を教化善導する力が世の中じゅうで、まだまだ未発達なのではないか。

学校というところは、いつでも白黒をはっきりさせているところです。「いけないことはいけない」と怒ってやらないと、「先生はおれのことを見捨てている、指導してくれない」となって信用がなくなってしまう。だから、いいことはいい、悪いことは悪いと常に敏感に反応している。校内生活はもちろん、校外生活まで責任を持ってやっている。

エライ　「家庭科の時間に、消しゴムを切って投げていた」となれば、放ってはおけない。どんな場でどんなことをしていたかを問いただす。大概は一通りの注意で終了するが、時には、こんなことはたいした悪ではないと、エヘラエヘラと笑ってごまかそうとしているのに出会うことがある。㋑そんなことは注意されなくてもわかっていることだからと、まともに注意を受けて反省するほどのことではない。㋺ふざけることがエライ（英雄）と勘ちがいしている。㋩先生をバカにすることで、オトナになったと勘ちがいしている。㋥先生の注意をひくことで、関心を持ってもらおうとしている。㋭目立つことをするのがエライ奴だと勘ちがいしている。㋬このくらいのいたずらはテレビやマンガでやっていることで、かっこいいことだと思っている。——などど、それなりの理屈を構えている。こんなときは、消しゴムを投げていた事実の何倍も何十倍も徹底的に怒ってやる。

親や先生の基準がよりどころ　幼児や小学生など年齢の低い者ほど、親や先生の「よい・悪い」の基準をたよりにして言動を決めている。だから、親も先生も「よくもないが悪くもない」という判定はしない。よいと言えないものはすべて悪いと決めざるを得ないところがある。

世間での判定基準はふところが深いので、よいと悪いの中間に「よくもないが悪くもない」という緩衝領域が用意されている。これを模式図にすると、次のようになる。「よくはないが、仕方がない」、あるいは「悪いのだが、仕方がない」と大目に見てもらえるところがある。〝悪しきとて唯ひとすじに捨てるなよ渋柿やがて甘柿となる〟と温かく包んでくれて、更生する機会を与えてくれる。問題は、この「仕方がない」のとき、たいしたことはないと自分を甘やかしてしまうか、これはえらいことだと猛反省するかである。

何かまずいことをしたとき、前述のような基準を簡単な図にして、「お前のやったことは、どこだと思う。指さしてごらん」と叱った（ほめて自信をつけさせるときもたまにはあったが）。ゼロに

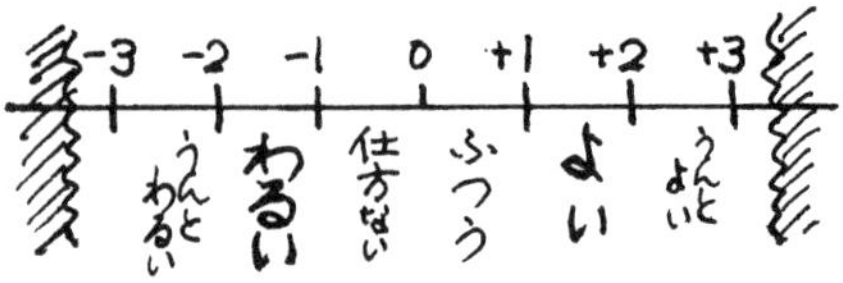

躾・価値尺度

近いマイナス1の位置を指さしたが、人さまに迷惑をかける点ではマイナス3に近いことをわからせた。

価値尺度　人は誰でも、自分独自の価値尺度を持っている。ゼロの位置が世間の基準のゼロと重なっており、目盛りの尺度も世間のものと似たくらいの間隔なら問題ない。ところが、非行・不良行為を繰り返している者が持っている価値尺度のゼロは、世間の基準線のマイナスのほうへずれている。逆に、どう見てもごく普通に世の中に通用する人が「私はダメ人間だ」と落ち込んで悩んでいるのは、ゼロの位置がプラスのほうへ片寄っていて、何でも完璧満点でないと駄目だと思い込んでいるようだ。

自分の都合で知らず知らずのうちにゼロの位置は動くし、目盛りの間隔も動くので、時折、修正していくことが必要なのでしょう。

2　お掃除——繰り返しに耐える

怠けず熱心に　子どもが登校してくるかぎり、必ず日課に位置づけられるお掃除。整頓美化、公共心の育成、床を磨き心を磨く、やる価値は痛いほどわかる。

気働きのある二、三の子と汚れを掃いたり拭いたりするのは気分転換に快適な運動なのだが、一人の怠け者もなく、全員を熱心にお掃除に取り組ませるとなると、なかなか手強い。鞭を持って油断もすきもなく見回らねばならない気分になる。二〇分間の清掃指導で一日分の精力を使い尽くすほどだ。

作務　ほうきをバットがわりに振り回したり雑巾がけの手を止めておしゃべりに夢中になったり、息を詰めて授業を受けていた緊張をほぐすにはもってこいの時間帯である。身動きもままならぬ教室から解き放たれて、意のままに手足を動かすことのできる喜びが、作業学習（作務《さむ》）のよさである。

お釈迦さまのお弟子さんの一人に、掃いたり拭いたりのお掃除だけを修行にしてお悟りをひらいた方がいる。香厳《きょうげん》という和尚さんは修行《しゅぎょう》中、庭の掃除をしていてほうきで飛ばされた小石が竹藪の竹に当たってカチンと音がした。この音で大悟《たいご》（大きな悟りをひらくこと）した。「時々に勤めて払拭《ふっしょく》し、塵埃《じんあい》有らしむる勿《なか》れ」（神秀）と心を払い清めていく。お掃除は大事な修行である。

もう一つの修《しゅう》業《ぎょう》でも学校のお掃除は、全員の子をこのような命懸けの求道者《ぐどう》（求道＝人の世の道理を求めること）に仕立てられないので苦しむ。求道心が未熟だから、まず型にはめるところからはじめるのだが、体が動けば心も動く。心が動けば口も動く。それで「おしゃべりをするな」と叱られる。

繰り返し　勉強は嫌だなァと思いながらも、次々と新しいこと、物珍しいことが出てくる。ところがお掃除は、二日三日やって一通り体を動かすおもしろさを味わってしまうと、もうそれ以上の珍しいことは起きない。雑巾をかけるのも、ほうきで掃くのも、毎日毎日が同じ動作の繰り返しである。

子どもは、常に珍奇なものを求めて心も体も揺れ動かしている。同じ動作の繰り返しだと体は動いても、心を動かすタネがない。心を動かしていないと鬱屈《うっくつ》してきて、飽きがくる。仕方がないので、掃除以外のことで心を動かしていると、「気を散らすな！　集中してやれ」と怒られる。

あんなに掃除を嫌うから働くことがよほど嫌いなのかと思われるが、雑庫の片付けだ溝さらいだと目先の変わったことを言いつけると、ほこりまみれどろまみれになって働く。目先が変われば気も変わる。子どもたちは好奇心の塊なのだ。

やるだけやるさ　私の小僧っ子だった頃、厳寒の水に手をつっこんでの雑巾がけはかなわんと、すばやくほうきを持ち出しては掃く人になっていた。

あるとき、掃いていたほうきの先にぬっと突き出された同級生の女の子の手の甲は、しもやけでポンポンに赤くふくらんでおり、ところどころ血がにじんでいる。この掌をあの汚れたバケツに突っこんで雑巾をもみ出しているのだと思ったら、変な気分になった。そのときは、大人の言葉にすれば、自責の念にかられて、自分の身勝手さ要領のよさを、いやらしく感じたのだが。もっとも、それでどうしたと言えるほどの奴ではなかった。

『小猿は仕事にかゝると生まれ変ったように無口で、それに神経質になった。……「いつでも精一杯仕事をする気なら、いつでも楽だ。骨惜しみをして、はたらきを小出《こだし》にしようとするから、そこで骨が折れるのだ」』（『太閤記』矢田挿雲《やだそううん》〈一八八二〜一九六一。俳人、小説家〉（子ザルとは秀吉の若い時代をからかっての諧謔を混じえた表現））。

磨く境地まではいけなくても、せめて働きを小出しにしないで、「やるだけやるさ」と割り切って、同じ動作の繰り返しに耐える子にしたい。水汲み水捨て、掃く拭くなど仕事の種類は不公平のないように交替させたり、仕事の全体量を分担人数で割って、一人分の量をはっきりさせることで、見通しを持たせたりする。お掃除もまた子どもたちとの知恵くらべである。

3　いる物が取り出せる

やるとこが出せる　授業がはじまるとき、黙っていても今日学ぶべき教科書のページが開かれており、ノートやプリント類が机上に準備されているようにしたいのだ。前日の授業で、生徒を、よほど上手に乗せて、次にやるべきことが予想できるようにしておき、期待や不安で胸がどきどきするようにしておかないと、うまくいかない。

先生の側では、今日やるべきことを決め、適度の不安と期待で心をたかぶらせて授業に臨むのだが、子どもたちにも同じ程度のたかぶりを持たせたい。勉強の調子の出てきた中学や高校の教室ならあたりまえのことだが、小学校では一人の担任が一日六時間を、このような緊張と期待を持たせつづけることは至難の業であり、そうかといって先生の側の都合だけで押しまくっていてもどうにもならない。

プリントを出せ。昨日配っておいたじゃないか！　今日は漢字ノートを使うことになっていたぞ！　といくら怒鳴っても、プリントはくしゃくしゃにまるまって、どこかにはさまっていて出てこない。

プリント公害　教室の中で幾人かは実によくできる子がいる。何を出せと言うと、いつでもパッと応じる子がある。だからつい、こういう子があたりまえで、昨日配布したプリントの出せない子は、ズルイ奴だと思ってしまう。

ところが子どもたちにしてみると、配られたのは今必要とする算数の宿題のプリントだけではない。教科ごとに出る補助のプリントや学校、学級のお便り、保健室からの通知などなど、毎日うんざりするほど配られる。何かやろうとした矢先とか、遊びにとりかかろうとしたときに、配られれば、ちょっと机の中に突っこんでおいて、後で整理しようなどとやっていると、いつの間にか机の中はごちゃごちゃになっている。先生のほうでも、子どもたちに渡してしまえば（自分の）責任は終了として次のことを考えていかなくてはならないから、その子がどう処理したかを見届けてはいられない。

必携ファイル　配られた紙は、なるべく折るな。丸めるな。広げたままで置けば、邪魔ではあるが目立つから紛失はしない。折るときは印刷された側を外にして、見えるようにしておけ。

プレスファイルを一冊持たせておいて、紙切れはすべてこのファイルにはさみこむことにする。

赤とか青とか目につく色の表紙のファイルで、連絡帳とこのファイルだけはいつでもカバンに入れて持ち歩くこと。たとえ教科書は忘れても借りたり見せてもらったりで間に合うが、このファイルは代わりがきかない。

何でもかんでも一括プレスするこのファイルは、配られた瞬時の仮留めである。後で整理する必要はある。そんなことならと整理をして、あっちこっちと分散して綴っておいても、どの綴りだったか探し出せなかったりすることがあるが、一か所にまとめておけば、何とか探し出せる。

国語のプリントだから国語の本やノートへはさみ、算数のものだから算数の本やノートへはさみ、うちの人に見せるものだから、カバンのどこそこへ入れておいて……と、実にうまく整理をし、ほしいときにサッと取り出せる子もある。こういう子は、配られたときに、気を遣い手間をかけるだけでなく、配られたとき以外にも、うちへ帰ってからも、何度か手をかけている。多くの子は、カバンに突っこむか机の中に突っこむ、ひどいのは、そこいらにほったらかしにしておく。

プリントの功罪　ファイルを持たせただけでは、うまくいかない。はさみかえしたり、不要になったものを捨てたりすることを、授業中や教室に拘束しておく時間内でわざとやらせないと成功しない。

このファイルは配布物があったとき一回、うちに帰ってから一回と最低二回は手にかけること。それにしても情報過多の世の中のこと、精選して与えてやることも必要だ。同時に全員に周知させるために、何でもかでもプリントで間に合わせるというのも安易な考えだ。できれば一人ひとりのノートに書いてやりたいのだ。補強教材はプリントで与えるのも仕方がないとしても、授業がやりやすいからと全員一斉に同じプリントで、いつでも授業をやるとしたら、一人ひとりの個に応じたになっていないことに気づくべきである。

4　ひとつ、嘘をつくまじ

担任がかわって　小学校一年生から六年間クラス替えのない学級で、担任替えのため五年生とか六年生のクラスへ入っていくとそのクラスの雰囲気になじめなくて戸惑うことがある。一年生入学以来、それぞれの担任がよかれと躾けてきてあるので、子ども同士暗黙の了解が成り立っている。担任を仰せつかったかぎりは自分の責任であるから戸惑ってなどいられない。急激に自分のカラーに染めようと意気込みすぎると、子どもたちは不安定になって、思わぬ事故が起きたりする。

前の先生がいいと言ったことは、今度のこの担任（私）もいいことにするよ。前の先生がだめだとしたことは、だめだからね。やたらに怒ったりはしないから、今まで通りに安心してやりなさい。皆さんのやるところを見ていて、ヘンだと思うところがあったら、順に（急がないで）うまく教えていくからね……とやりだした。

違和感　給食やお掃除、登下校や持ち物、休み時間の過ごし方など、これといって特別なこともなく、スムーズに流れていく。悪ふざけや小さな意地悪などは始終発生しているが、決定的に相手を傷つけたり特に落ち込んでいる子もいない。明るくて調子のいい子どもたちだ。

ところが、一か月二か月となじんでいったが、ほんの何か一つ、子どもたちの心や言葉と溶け合わない、違和感がある。こちらの経験年数が増えてきて、親子の世代に年齢差がついてきたので、素直に溶け込めなくなったのだとも思うが、それだけではなさそうだ。子どもたちの言葉が軽っぽい、真実味が薄い、言葉に嘘があるのではないか？

プロフィール　四年生になった頃、知らない子が一人おじさんといっしょに教室へ入ってきた。富山から来たらしい。目がひらいていて、スポーツがりで、うそつきでちょうしがいい。なにかといえばうそをついてけんかをする。歌は口をとがらせて唄う。ぼくはすぐにひらめというようになった。どこかへ見学に行ったとき、魚屋の前で、ひらめはくじらの肉だと言った。みんなは「ちがうよー」と言うと、ひらめは「くじらみたいだねと言ったんだよ」とごまかした。でも、まいどのことなのでつうようしない……。（博文）

クラスの雰囲気は担任の性質ややり方によってもつくられるが、そのときの子どもたちの集まりによっても大きく左右する。このクラスの「うそつきでちょうしがいい」（この程度の嘘なのだが）のは、ひらめクン一人ではなかった。後刻気づいたのだが、子ども同士で書き合った互いのプロフィールを一覧すると、いるわいるわ、男子の三分の二はこのタイプだ。

○オッチョコチョイでとても明るく親しみやすい。
○通称雄ザル、あだ名がとても多い、オッチョコチョイで明るい。――などなど。

真実をめざして　教室の生活はあけっぴろげで無防備だから、盗みと嘘は言いようもなく迷惑だ。「落とし物でも、拾って自分の物にするなっ！」「やってしまったことはしょうがないので、嘘をつくな！」とのべつに注意を促している。柴田錬三郎の『貧乏同心御用帳』に、主人公が九人の浮浪児と暮らしていて、食事の前に次の言葉を唱和する場面があったので、これを教室のお説教に使った。『ひとつ、嘘をつくまじ。ふたつ、盗みを働くまじ。三つ、生まれ来たることによろこびを持つべし。四つ、今日が過ぎれば明日ありと思うべし』。

一二月になって、一人の彼が何かしでかして、いつものように教卓へ寄ってきて、「先生、あのう、何とかかんとかで……」と言い訳やら弁解やらをはじめたが、なかなか本題が見えてこない。そこで壁に貼ってあるお説教で使った紙を指さして、「ひとつ嘘をつくまじ！」と一喝したら、「うん」と素直にうなずいて、すらすらっと本題を話してくれた。

5　みんなァ、静かにィと言ってはみたが。

私語が多い　中学校では「私語を慎みましょう」が普段に問題となる。手を挙げて発言するのが「公」に対して、日常のすべてのおしゃべりを「私語」と見なす傾向がある。

中学の生徒指導のレポートには「私語が多くて困る。これは小学校からの習慣で、いけないという意識がないからだ」と提示される。幼保・小・中・高校どこでも、私語はいけないと躾けられているのだが、たかがおしゃべりとは言うものの生きる本然的な部分ともかかわりが深いので、思うようにならない。

始業の合図で教室に入っていっても、いつ果てるともなく続くおしゃべりのために、授業がはじまらない。「黙れ！」「静かにせよ」は先生の口からも生徒の口からも飛びだす。『教室は誰とも仲良くしよう』だから、冗談を言い合ったり無駄口をたたいたりしておしゃべりを楽しみ、互いの存在を確かめ合うことが必要だ。それで私語が多くなるのは当然だ。私語は尽きないので「黙れ、静かに」はごくごく日常語である。

居丈高に怒鳴る　二百余名の中二の生徒と佐久間ダム見学の遠足でのこと。増発列車内での気楽なおしゃべりで到着はしたもののあいにくの小雨。ひさしのないコンクリート建物の雨のかからない狭い場所へ押し込められて待機。湿っぽいし蒸し暑いし、おしゃべりのタネは尽きない。生徒にとっては単なる待ち時間であるから、黙っていようとおしゃべりしていようと勝手なわけで、「やめ！」と言われたら黙ればいいと生徒は思っている。ところが、引率者側では案内してくれる発電所の職員の顔が見えているため、生徒も全員そろった時点では、自ずと口を閉じて次の指示を待つべきだと思っている。

笛を吹いて黙らせ、挨拶がすんで次の行動計画を説明しだしたら、また私語がはじまった。

「一組から順に見学。他のクラスは順番が来るまで待機、以上」と一言で指示すべきところを、とかく長々と説明したくなる。なぜこのような日程としたかとか、老婆心ながらのわかりきったような留意事項とかをしゃべりたくなる。

教室のように「黙って聞け！」と怒鳴りだして品のない言葉でお説教をはじめて、ふと発電所職員に目がとまったら、職員の方は何とも聞くに堪えないというような困惑した表情をしている。「しまった」ここは教室ではない。教員駆け出しの若僧（私）が、駄々をこねた三歳児でも扱うような横柄な態度で汚い言葉を吐きちらしている。黙らん衆もいかんが、居丈高な奴（私のこと）はそれ以下だった。

おしゃべり禁の場　結婚披露宴や成人式などで来賓のスピーチがはじまっているのに、つい先程までの待ち時間のようにおしゃべりを続けていて、「エエッ？　今は勝手なおしゃべりのできない場だぞ」とその無神経さに腹立たしい思いをすることがある。教室とか式場とかの密室に閉じ込められれば息苦しくなってしゃべりたくなる。大勢の知らない顔ぶれの会場で、顔見知りの人が目の前にいても、平然と口を閉じて鼻で息をしていられるとしたら、よほどの変人だ。それでスピーチ中とはわかっていても、ついコソコソッとしゃべってしまう。当人たちにすれば、何らの悪意も過失もないと思っている。

ＰＴＡの集まりとか大人の会議や集会の際、気を許しておしゃべりをしていていい状況から、いつの間にか「黙れ」の場に移っていて、恥ずかしい思いをしたことは誰にでもある。たまに、ある目的を持って集まる大人たちですらこのように「しゃべる場、黙る場」のけじめはむずかしいのだから、まして、教室とか学校とかの限られた空間で暮らす生徒にとってはむずかしい。

「集合！」と号令がかかって集まるときは口を閉じよ。次の指示を聞かなければならないからな。三々五々散らばっているときはしゃべってもいいが。……と合言葉のようにつぶやいていた。このように目的がはっきりしているときはいいが、毎日の学校生活の中で、一切の私語を禁じることはできない。

何でもかんでも「黙れ！」と人さまのおしゃべりをする権限を剝奪することは許されないし、黙るべきところで黙らないとすると、発話者の発言権を侵害することになり、これも許されない。

6　やり直しッ！は、ほどほどに。

躾ける　躾とか調教とかは、できるようになるまでやり直しをさせて、ある一定の動作がいつでもどこでも迷うことなくできるようになったところで完了する。このやり直しのところは訓練とか練習とか呼ばれている。

スポーツ選手の練習や、芸能発表におけるリハーサルなども、同じ動作を何遍でもやり直しをする。これは衆人環視の本番のためになされる事前の練習であり、調整である。

運動会も当日の発表が本番だから、そのための事前の訓練は、「練習」と呼ばれて、何遍もの

「やり直し」があるのは当然だ。しかし、芸能発表のリハーサルやスポーツ選手の練習の考え方が、学校生活（教育）へ、そっくりに取り込まれていいのだろうか。

「集合がだらだらしていた。もう一度やり直しッ！」とやる。

さっさと集まろうと、だらだら集まろうと集合を命じて、命令に応じて集まってきた事実は、「やり直し」のきかない一回限りのものでしょう。さっさと早めに集まった子にとって、この「やり直し」の教育的意義は何だろう。『体操の隊形に開け。元の位置に集まれッ！』の「集まれ」のやり直しは、美しい隊形を整えるためにとか、散ったり集まったりする動作に迷いがなくキビキビとできるようにとの意義がある。しかし、休憩が終わって集合させたときは、やり直せないでしょう。

掃除をサボった、やり直し。廊下を走った、やり直し。発言の声が小さい、やり直し。字が汚い、書き直し。答えが間違っている、やり直し。……と、いたるところ「やり直し」があり、躾とはこうした繰り返しの上に成り立つわけだが、これらの中には罰のにおいのするものがある。おざなりな罰はいじめにも通じ、子どもの心をゆがめるだけで、いい躾にはならないことがある。

積み上げる　54÷6＝のイコールの口が広がりすぎていたり、二本の棒の長さがあまりにもちがいすぎているので、「こうしなさい」と指摘すると、すかさず消しゴムで、今まで書いてきたものを全部消そうとする。「消さなくていいんだよ。これから書くとき気をつければいいの」。今まで書いてきた事実は消せない。変な格好のイコールがあるから、その後に気をつけて書いたイコールのよさが目立って、進歩が確認できる。勉強とは、駄目だったから消して白紙に戻してから「やり直す」のではなく、やってきた事実の上に、さらに次の良い事実を積み上げていくものなんだ。消す手間があったら、新しい勉強に挑んだほうがいいのだよ。……と。

練習と本番　明治の学校制度がはじまってまもなくの頃から、「運動会」は実施されて今日まで毎年毎年休むことなく続けられてきている。それだけに教育効果の上がる、いいものであることは実証されている。そこで、運動会を成功させることが目的となり、「運動会で子どもを育てる」ことを忘れがちになる。一糸乱れず集団の美を演出するために、一人ひとりのわがまま勝手は封じられる。集団行動を体得させる最適の場だから、「やり直しッ！」の根拠やわけなどは、いちいち子どもたちにわからせているひまはない。

先生にとっては、運動会当日が発表の本番であり、――日頃鍛えた練習の成果を遺憾なく発揮する場――であろうが、子どもにしてみれば、運動会当日だけが、本番の教育ではない。一回一回の練習は、「やり直し」のきかない文字通り一回限りの大切な教育の場であるはずだ。運動会当日といえども、これら一回一回のごく普通の練習・教育の延長線上の一つにすぎない。

一回限り　明日は参観日だからとか、先生方が大勢見に来るからと、事前にリハーサルめいた授業をしておくと、当日はそれなりに授業は流れても、何かもう一つ魂の響き合った実感が得られなくて、うつろな思いをすることがある。一回限りの命のやりとりであって、「やり直し」は二番煎じ三番煎じとなる。

日常生活でも、妙な理屈抜きで、あたりまえのことをあたりまえとして繰り返しやり直しているところと、例えば自動車事故のように、「しまった、やり直し、ごめんなさい」が絶対に通用しない、たった一回限りのものとがある。

運動会の練習も型にはめるべきところは徹底的に訓練するとして、もう一方で、当日恥をかかせたり、怪我をさせたりしない配慮をした上で、「やり直し」リハーサルはほどほどにして、本番でも、子どもたちの独創的な動きにまかせるところもあっていいのでしょう。(運動会のころ)

7　なあに、何とかなるぞ!

拒否反応　『秋にチューリップを1れつに15こ、4れつにうえました。春になって、花のさかないのが7こありました。花はいくつさいたでしょう』。

たいがいの子は、こういう問題は「もう、めんどうくさくてかなわない」と思っているから、読む気にならないし、読んでもすぐに答えが出ないとしている。「どうやりゃあいいの。お母さん教えてェ!」と悲痛な叫びを発している。大人にしてみれば、算数だ学習だと大仰なものでなく、日常の話題である。

「何言っとるの、読んでごらんよ。読めばわかることだから」「読んだってさっぱりわからん。15に4を足せばいいの? 7はどうするの?」――この調子では、何バカなことを言っとるのとお母さんに怒られたり、「教えてくれって言っとるんだから、怒らなんで教えてくれりゃあいいじゃないの！」と怒鳴り返すやらして、しばらくは宿題をやる雰囲気どころではなくなる。

カルチャーショック　この手の問題は、子どもの頭を鍛えるのに格好のものだから、あれこれと指導方法を工夫して授業に臨む。興味深くおもしろがって授業に乗ってくれますようにと、チューリップの花や球根を画用紙に描いたり、切り抜いて黒板に貼ったりして環境を整える。

「さあいいかァ。みんなこっちを向いて」と意気込めば意気込むほど、心を固くする子がいる。「さあ、またややこしい算数になったぞ。こういうのは答えが出るまでに長い時間がかかるんだよな。聞いている途中で何が何だかわからなくなって、質問されても返事ができなくて困るんだ。文章の問題って嫌いだ」とつぶやいている。

先生といっしょにやってさえ、こんなに時間がかかり、あれこれと考えなくてはできないのだから、うちで一人でできるわけがない。すっかりカルチャーショックに陥ってしまう。

マイナスの暗示　国民学校一年生のヨミカタ（国語）はカタカナに漢字混じりで書かれていた。一年生の終わりにひらがなの「汽車」という文章が出てきた。なんだか本が読めなくなったなァと不安で変な気持ちで終了。「うれしいうれしい二年生、さくらさくらだ、野山は花だ。すみれたんぽぽれんげ草、花のおやねが美しい。天上天下をゆびさして、お立ちになっていらっしゃる」。お釈迦様の話になったら、全然字が読めなくなった。

野山は明るくまばゆいのに、うれしいうれしい二年生どころではなく、真っ暗闇だ。オラア、ばかになっちゃったとただただ怯えた。今まで読めていたのもあれはウソだったのだろうかと怖くなって、うちでも学校でも本を開かなかった。カタカナ（片仮名）からひらかな（平仮名）になったことに気づかず、頭や目がどうかなっちゃったと思いこんでしまった。

駄目になった理由がはっきりすれば、立ち上がる手だても考えつくこともあるでしょうが、国語や算数など毎日の授業で、なしくずしにダメだダメだとショックを受けつづけていると、気力が失せてくるから怖い。

プラスの暗示　電気器具を買うと、まずあの分厚いマニュアルに圧倒される。親切ていねいに書いてあるのだが、保険や税金の手続きなども、読みつけない者は、ダメだと思い込んでいる。

学校の勉強も、親切に完璧にやろうとして、ついつい「こんなことではダメだダメだ」を繰り返してしまう。三年生の内容は三年生のうちに完璧にして送り出さないと、四年生の担任にバカにされると思うから、必要以上に厳しくダメだダメだとやってしまう。ちょっと視野を転じれば、三年生や四年生の内容なんて大人になれば自然にわかることなのだから、そんなにムキにならなくたっていいのにとも思えるのだが。

要は、ダメだと居すくまる子ではなく「なあに、やるだけやっていれば、何とかなるぞ！」とプラスの暗示をかけつづける子にしておくことでしょう。

日常の学校生活の中で、ダメだとは言えても、どの子にもどの子にもプラスの暗示をかけつづけることは至難の業である。うちの親たちにしても、ダメじゃないのとは言っても、いいぞいいぞと言いつづけることはむずかしい。

8　不公平は許せない

公平不公平　計算練習問題を全員に一〇問課せば公平で、五問言いつかる子や一五問言いつかる子があると、不公平だと教室中が騒然となる。個性や能力の伸長から見れば、五問だったり一五問だったり差のある扱いのほうが不公平でない境地があるのだが、子どもたちはそうは思わない。

例えば、職員旅行のお土産のあめ玉を二個ずつ配って、いくつか残ったので、誰かにやろうとすると、もう配ってはいけないとなる。じゃんけんをしようとくじびきであろうと、手続き上で公平であっても、もらえる人ともらえない人ができること、そのことが許せない。当たらない人でも二つは食べられるのだから、三つもらえる人があったっていいじゃないか、にはなれない。

押しつけ　給食当番で、数物《かずもの》・バナナ一人一本あてに配るのと、汁物《しるもの》を配るのとでは神経の遣い方がまるでちがう。また、配る仕事は誰でも早く食べたいのでそれなりに自分の分担を果たすとしても、片付けとなると、腹がふくれていい気分だし、仕事量も限られてくるので、やる人ややらない人ができたりする。空になった入れ物を所定の位置に返却する人と、汚れた食器を整頓し最後に配膳台を拭いて仕上げをする人とでは負担はまるでちがう。

だから、子どもたち同士で話し合いをして、交替したりして納得がいくようにやらせてはいるのだが、当番の人数の加減や仕事の質や量の加減で、公平に交替していくことは、子どもたちだけの知恵ではうまくいかない。

話し合わせれば一応は何とかなる。しかし、勢力の強い子の「取り仕切り」にまかされるので、「押しつけられた」の不満はついてまわり、人間関係は不明朗になる。

仕方がないので、時に今回は、あなたは配る人、わたしは運ぶ人と固定し、次回は交替するかなどともやる。固定のよさは習熟によって能率は上がるのだが、不公平さは歴然としている。

一覧表　仕事の中身が異なるのだから、公平であるためには、一回ずつ交替していけばよい。そんなことをしたらつながりや習熟がなく、絶えずザワザワしてしまうと心配にもなるが、不公平のない一目瞭然の分担表さえできれば、このザワつきには耐えなくてはならない。

名前と仕事と期日・回数と三つの要素が一回ごとに替わっていく一覧表を作ることは難しい。上覧に期日、左欄に名前を書いて表にし、そのマスの中に作業分担を書き入れていけばいいのだが、次々と替わるのでやりきれなくなる。

あるとき、台紙に仕事の分担が書かれていて、その台紙の上を名前の書かれた円盤が一回ごとに回転して、仕事の分担を指し示すようなものに出合った。

遊具などにはあるが、これを教室に持ち込んだ先人の知恵はたいしたものだ。このアイディアをいただいて、目的の状況に応じて、次々と工夫して一覧表を作って指示し、不公平のない分担を心がけた。

協力しない　誰もが同じことをやらねばならない給食当番や掃除当番などは、誰が見ても不公平でない分担にすべきだ。「誰ちゃんに言いつけられた」「誰ちゃんの分までやらされた」の不満があれば、グループ内の協力や連携はうまくいかない。ちっとも協力してくれない、自分勝手だと互いに非難し合うようになる。子ども同士の人間関係のまずさではなく、公平な分担を指示しない指導のまずさである。

話し合いをさせる前に、公平な分担方法の見本を提示しつづけなくてはならない。個性だ能力だと言う前に、好きだ嫌いだと問題にする前に、公平であるべきところは、徹底的に公平にして、不公平のない待遇でなくてはならない。「この先生は、確かにオラアたちのことを不公平なくやってくれる」と本能の部分で実感していないと信頼は得られない。

こうした基盤があれば、時に、お前さんは五問、お前さんは一五問と言いつけても不審がられない。ただし、みんなは一ページだが、お前はまちがったから二ページやって来いという罰を与える発想では、子どもは勉強嫌いとなり、先生不信はつのってしまう。

第七の話

ちょっと変なことが気になる

——自己をつくってゆく

1 よしよし。出せば合格

言いつけを無視したァ！　一人の生徒にしてみれば「ちょっとうっかりして」のことでも、言いつけた側にしてみると全員提出したかどうかは意外と気骨《きぼね》の折れるものである。『これが仕事だ、これも仕事だ』と覚悟はするものの、二度三度と未提出だったりすると「おれの言うことをきかない、おれをバカにしている」と憎くなり腹が立ってくる。

生徒にしてみれば、やろうとは思ったがやれなかっただけのことで、無視したつもりはないし、バカにしているつもりもない。だから「未提出」そのことだけを叱られるのなら甘んじて受けるが「バカにしている」と怒られると反感を持ってしまう。〝先生とどうもしっくりいかなくて〟となるのも、はじめはほんのささいな誤解や行き違いだったのでしょうが、不信がつのりだすと、ますます距離を広げてしまう。

中身は二の次、出せば合格　『提出物は出せば合格――中身は二の次』を合言葉のようにして口ぐせのように叫びつづけてきた。

集金などは中身を問うが、ほとんどの提出物はこの合言葉で処理できる。毎朝クラス担任に提出する「生活の記録」とか教科担任から言いつかった宿題のノートやプリント類など、とにかく名前を書いて『出せば合格』。――こんな私ですがここにいます、先生ちゃんと見ていてな――

という存在の証しです。

先生からすると、誰が提出したかの名前が大事。広げて提出されたそのページしか見ていられないから、その広げられたページごとに名前があればいい。そこで、生徒たちにクラスのゴム印（氏名印）を持ち出させて、ノートのページごとに氏名印を押させることもした。

やってないから「やってないから出さない。いい加減なやり方だから先生に失礼なので出せない」と気を遣う必要はない。と割り切ったほうがいい。未完成だから学校に来て修業しているのであって、いつも完成品が提出できるほど完成された人間なら、今さら学校へ行って修業する必要もない。

「できない」と提出されれば、単なる怠けなのか、量的に不適切だったのか、質的（やらせる中身ややらせ方）に不適当だったのかと検討するタネができる。責任の所在は生徒の側から教師の側へと移る。

「漢字練習一日ノート一ページ、毎時間提出」も言いつけた当座は、物珍しさもあって生徒もやるし、教師の側も、どの生徒はどんな取り組み方をするか興味があるからていねいに見る。が、一か月もすると生徒も先生も飽きてくる。

できない日もある「毎日書いていた漢字がある日書けなくて『書けなくてごめんなさい』と書いて出したら、その隣に『よしよし』と赤ペンで書いてくれてあって、嬉しかった」と、卒業三〇周年の会で語りかけてくれた彼女がいた。

「よしよし」の次に、そういう日もあっていいよ。その分、あなたは自分のことを夢中になってやったということだから。みんなと同じことを同じようにやることも大事だが、自分のやろうとしたこと（今、この人はピアノの先生になっているから、その日もきっとピアノの練習がたくさんあったのかな）を存分にやることも大事。あなたのよさ、すばらしさは、一回や二回やらなくたって全然変わりはないのだから気にすることはないよ。——というようなことを書きたかったと思うよと話した。

やるといいの論　生徒にとっては、国語科漢字ノート提出一件だけでなく、各教科の提出物はあるし、やるべきことはいっぱいある。その上、やる気の湧かない勉強だってある。「やる気が湧かない」などと言うと、大人は「修業中の人間に何がわかるか！　やらずに文句を言うな」となる。

確かにまわりから押さえつけられないと怠けてしまう弱い面もあるから、「やらずに文句を言うな！」も大事な教えではある。が、また一方で「やったほうがいい」という論に対して「それはやらなくてよい」という論が成り立たないだけに、無限に「やるといい」という論はエスカレートしていって、しまいには子どもも大人も身動きができなくなることもある。

この漢字ノート提出も「やらなくてよい」という論はまともには成立しないだけに怖いところがある。

2　クラムボンは笑ったよ!?

できたァ！　後さらに　学校の勉強では、言いつかったことを言いつかった通りにやって、「できたア！」と当人も満足し、まわりからも認められれば完了でいいわけだ。ところが、時には言いつかった通りに実行する・しないにかかわらず、言いつからないことにまでちょっと気にしてみる——ということもあるのかな。

〝20このおはじきを姉と妹の二人で分けます。姉の個数が偶数なら、妹の個数はどうなるか。姉の個数が奇数なら妹の個数はどうなるか〟

この課題で、10偶なら10偶、12なら8……。11奇なら9奇、13なら7……とやって、偶なら偶、奇なら奇と答えができれば合格、完了。これが追求できればたいしたものです。こうした問題は、まず文章読解でつまずくし、一応読み取れたとしても、10とか11とかの具体的な数字を持ち込むことには、とてつもない勇気がいる。答えとは、ハイとかイイエとかパッと見つけないといけないと思っているし、見つかるものだと生徒は思っているから、10とか11とかの数字を仮にあてはめて考えるのは、答えを出すための思考・作業ではないと思いがちである。

まして、これをやっているとき、あるいは終了したとき、この問題で「おはじきの数はなんで20こかなア？」とか、「21こならどうなるの？　19このときは？」とか、ちょっと変なことを気にするのは、この勉強にとって何になるだろう。ひょっと生徒から出ることもあるが、出るように仕向けることで、奇数偶数をいっそう詳しく検討することができる。

ちょっと変な発言で　どの授業でも、ちょっと変な質問や変なつぶやきが発せられて、急に真剣さを増すことがある。宮沢賢治『やまなし』を読んでいると、クラムボンは誰でも気になる。「クラムボンは笑ったよ。かぷかぷ笑ったよ」クラムボンって何だろう。魚が出てきたら「クラムボンは死んだよ。殺されたよ」とあるから、魚の餌となるプランクトンのようなものだろう。いや、魚がまたもどってきて行ってしまった後も、「クラムボンは笑ったよ」とあるから水の泡みたいなものだろう。いやそうじゃない、何匹もいっぱいいるってことだ……などとやっているとき、「あの、ちょっと変なことを聞くんだけど。クラムボンは賢治の造語ってあるんだけど、造語って何。……ウンウン、そんなら、どうして賢治はここでクラムボンって言葉を造ったの？（自分で言葉を造っていいの？）」と発言があった。

そうなのだ。今考え合っていたことも実はこのことだったのだ。賢治は何かを読者に伝えたくて、クラムボンを造語したのだ。クラムボンって何だろうと漠然と追求していた教室が、このちょっと変な発言でキィーンと引き締まった。

自分で考えていく　次から次へと変な質問や変な確かめが連発されて、授業の本流を見失う恐れがあるときは「まあ、そのことはまた後で別の機会にやろう」と抑えたり封じたりすることもある。が、三歳児の発する「なんで？　どうして？」と親たちを困らせるような素朴な問いかけは、いい大人のやることではないこともあって、いつの間にか、ちょっと変な問いは影をひそめてしまう。学年が進むにつれて詰め込むことにかまけてしまうし、「そんな変なことを考えているひまがあったら、自分の覚えるべきことをちゃんと覚えていけ！」になる。

中学卒業三十余年も経っている同級会の席で、一人の彼女の発言。

「ホラ、あの中学のときの何々先生の社会科の授業で、いくつかの資料から、これらのことから考えつくことを言いなさいって、よくやったじゃあ」と。

「ああいうように、新しいことを自分で考えていくようにしなくちゃあ。ああいう授業が大事だと思うよ」と盛んに力説している。彼女は若くから自営業。従業員を使って店を切り盛りしている経営者なのだ。与えられた仕事をこなせばいいとする考え方と、どこかちょっとちがっている。

独創性とか創造力とかにつながることなのでしょうが、そんなにむずかしく考えなくても、日常生活で、ちょっと変なことが気になることも、お互いに大事にし合っていきたいものである。

3　人は人。されど仲よき。

みんなとは誰よ　みんなが、持っていようがいまいが、うちはうちの方針でやればいいことだからと思いながらも、あんまり「みんなが」とせっつかれると迷ってしまう。うちの子だけが肩身の狭い思いをしているとしたら不本意だ（かわいそうだではなくて、みんなと対等に生きていってほしいとの親の願い）。

こうした場合のみんなとは、クラスの男子一五名のうち四、五名持っていればみんなとなる。自分と同じような興味関心を持っていて、いつも対等に遊んでいる仲間は四、五名である。この四、五名のうち一、二名が持っていれば「みんな」になる。

うちはうち、人は人　最終決定は親がするとしても、ほしい気持ちを満足させるか諦めることができるかは当人である。親の決定に有無を言わさず従わせることも必要だが、多くの場合、当人の納得ずくで決断させなくてはならない。そうなるには親も子も迷うし、迷う過程が教育（ものを考える力）になるのでしょう。『うちはうち、人は人、されど仲よき』という真の主体性を持った人間を培っていくには、判断基準を自己の内部に据えなくてはならない。「みんなが」などという外部の基準にふりまわされたくない。そうかといって『うちはうち』だけにとらわれると、人なんてどうだっていいの利己主義、孤立主義に陥りやすい。

「みんなとは誰と誰だ？」それならみんなではないじゃないか」とやったのでは、親子で考え合うせっかくのチャンスを捨ててしまう。「誰ちゃんと誰ちゃんか。なるほどみんな持っているのだなァ」とボクやワタシの主張を認めた上で、さて、どのくらい有効なものであるかを説明させる（有効とはいっても、学校の勉強にすぐ役立つかどうかなどとあまり狭くは考えない）。

価値判断　今あたりまえになっているテレビゲーム、コンピュータゲームが流行しはじめる少し前の段階でのこと。「なんだか知らんが、テレビに何か付けたりして、コンピュータのようなもので遊ぶ物を買え買えってうるさくてしょうがないのですが、どうしたものでしょう」と、高学年の男の子のお母さんから相談を受けた。これだけ世の中が急激に進歩（変化）していると、子どもの遊び道具の価値が親にも先生にもわからないものが出てくる。

五、六〇年前までの子どもたちは、親たちが子どもの頃に使った道具を、縁の下から引っ張り出してきて、ほこりを払って使えばよかった。親が判断に苦しむほどの新しい価値を持ったおもちゃは出現していない。ところが、今はちがう。小学校の安全教室に防犯係のおじさんとして立ち会っていたときのこと。ずらっと並べられた子ども用自転車をＰＴＡ校外指導部員の若いお父さんやお母さんが点検していて、「ウワァッ、こりゃあどうやって使うんだ？」と驚いている。次々と売り出される最新装備の自転車についていけなくなっている。

ほしがらない人もいる　その物の価値を検討しながら、『うちはうち』の自主独立の思いを練り、さらに「されど仲よき」の視点も加えていきたい。人には人のそのうち独自の侵すべからざる価値基準を備えていることに思いをいたしたい。人はどうだっていいというのでは、自分の判断に自信が持てない。

子どもにとって、自分と同じような興味や関心を示さない奴は、存在しないに等しい。いっしょに遊ばない人が何を持っていようといまいと全く関係ないと思っている。しかし、こうした異次元の存在だと思っていた人とも、世の中へ出れば、ごく普通に対等につき合っていかなくてはならない。そのとき、自分の価値判断の狭さ小ささゆえに、相手の持っている価値判断が見えないようではつまらない。

「ボクが（ボクを含めた四、五人の仲間が）こんなにほしがっている遊び道具を、あいつは、なぜほしがらないのだ？　今、この遊びに惹《ひ》かれないような奴は時代遅れのどうしようもない奴ではないか。どうして平気で毎日やっていられるのだ？」。

「こいつにはこいつなりに、何かもっととてつもない望みを持っているのではないか？　オレの気のつかないもっと優れた価値あるものに関心を持って挑んでいるのではないか？」。

ほしい物をほしいと主張し検討する過程で、このような自分の興味関心とは異なった価値にも、漠然とした不可思議さをも感じることのできる子になってほしいものだ。

4　音を楽しむ力

音《おん》が苦《く》　戦後の教育でめざましい発展を見せたものの一つに、音楽教育があると言われる。週二時間の音楽の授業は、戦前も戦後もほぼ同じであるのに、オタマジャクシの読める人口はまるでちがう。食うことに精一杯の暮らしぶりでは音楽やスポーツを楽しんでいる余裕は少ないが、高度経済成長で、物も時間も浪費するほどの余裕が生じれば、芸能や音楽をやる人数も増える。こうした世の風潮もあるが、音楽学力が向上したもう一つの要因は、授業中でも課外でも楽器を持つことができるようになったことであろう。

発展途上国などの記録映画を見ていると、お祭りや何かの行事で大人も子どももいっしょになって歌ったり踊ったりしている。民俗音楽・民俗芸能の伝承は、あのように見様見真似でなされたものであり、音楽も本来的には本能的で自然発生的なものであろう。楽しいから手の舞い・足の踊りとなり、歌舞をすることでいっそう楽しくなる。ところが、学校の授業となると、人為的なものだから、楽しくなくても歌わねばならないし、うまく歌えなくては楽しくないしと、音《おん》が苦《く》になることもある。

音楽の実力　かつて私の子どもの頃の音楽の授業では、覚えたくて、歌いたくて、口移し耳移しに教えてもらうから身につくのだが、歌いたくないときや歌いたいように歌わせてもらえないときは、一斉授業でも、怠けたければ目立たないようにサボってもいられた。国語や算数の時間は、いやだの何のとサボってはいても、授業数が多いし、授業形態が先生からの口移しだけでなく、個々人がやらざるを得ない場があるので、自ずと学力が身についていく。だから五年生なら、二年生や三年生に国語や算数の問題ならばほぼ満点に答えを教えることができた。

ところが音楽では、かつては五年生が二年生の教室に入っても、指導的な立場に立てるほどの実力はついてはいなかった。しかし、授業に楽器が入ってくるようになると、いやだの何のと思ってはいてもやらざるを得ない。音符を読み、リズムをとり、音を出さざるを得ない。この点で、五年生が二年生に教えることができるだけの実力に差ができた。同様に、合唱クラブ（喉の楽器）

は別として、その他の楽器のクラブ活動では、一年二年先輩は後輩に教えるだけの実力をつけることができるようになった。

声を出すな 歌う（喉笛という楽器を使う）ことは、最も手っ取り早くできるだけに、人さまの前で改めて発表するとなると大変むずかしい。音楽会は日頃の音楽授業の発表の場のようにも思われるが、内実は授業の成果の発表会だから、出来不出来が当面の課題となり、本性の赴くままに発露する面がかなり抑制されることがある。そこで喉笛の音色の良し悪しはもちろん、取り扱い者の調子っ外れのあるなしが成果に重大な影響を及ぼす。

教室は選抜者の集まりではないので、厳しく繰り返し練習をしたからといって、全員がうまい具合に声を合わせ、そろうわけにはいかない。「あの子の声がとび出してしまうなあ」ということは随所にある。これだけ世間中の音楽レベルが上がり、カラオケが盛んになっていても、「歌うのだけは勘弁してくれ。子どもの頃、お前は口だけパクパクしておれ、と言われてからまるっきり歌わなくなったから」などという冗談を耳にすると、ひやりとする。全員が出演する学校の音楽会は、楽しく取り組むことが第一で、成果は二の次でいいわけだが、当事者になるとそうも言ってはいられない。

エレクトーン 三〇年も昔のことだが、中学卒業後五、六年経っていて、いいお兄さんになっていた一人の彼と出会ったとき、「オラア、今、エレクトーンが弾きたくて習っている」と言われ、二の句がつげなかった。中学の頃は、この子は音楽とは無縁だなと漠然と思い込んでいたし、その生活もエレクトーン（当時はピアノよりはるかに高級品だった）とは無縁のようだった（三〇年前というと、中高生にエレキギターが普及しはじめていた頃ではあるが）。それでも大方の生徒は、音楽の授業はやらされているといった態度だったので、「そうかそうか。音楽とは誰の心にもある本然的な欲求なんだな」と噛みしめるような思いで、彼の語る姿を見つめていた。

5　どうしたいと思っているの？

いい子ちゃん　保育園児と小学生を持ったお母さんから「子どもの長所を見つけて伸ばすようにしたいのだが」と話しかけられた。

短所（まずいと気になるところ）を捉えて、人並みの人間にしようとすれば、注意ばかりしていて、子どもも気分がよくないでしょうが、私のほうも不快になる。これではいい母親ではないし、いい教育ではない。何とかして長所を見つけて伸ばしてやりたいと考えているのですが、我が子の長所は何かと思ってみても、なかなか見つからない。敢えて言えば、（イ）人や先生の話を聞くことができる、（ロ）集団の中で約束が守れる、かな？（イ）、（ロ）が長所だとすれば、伸ばすといってもどうすればいいの？　これだといわゆる〝いい子ちゃん〟なのですが。いい子ちゃんのままでいいのかなあとちょっと不満にも思うのですが。学校では、どちらかというとおとなしいみたいです。

長所とは　こういう子は、頭ごなしに怒ったり一方的に注意したりしてはいけないのではないか。大人から見て扱いやすいだけに気軽に次々と指示したり、ちょっとばかりまずいからと怒ったりしがちだが、堪えたり気を配ったりすることのほうが、この子の良さを伸ばしてやることになるのではないか。

ピアノを習わせたら予想外に音感がよくて熱中しだしたとか、スポーツクラブに入れたらメキメキと頭角をあらわしだしたとかの特徴長所と、生き方そのものにかかわった性向とか性質上での特徴長所とは同列には論じられない。

うちの子は勉強は不得手なので、勉強せよとあまり口やかましく、がみがみ苛《いじ》めないで、お陰なことにスポーツは得意だから、存分にスポーツをやらせながら、世の中へ出ても困らないように生きていく知恵をつけてやりたい。――と語る親父さんがある。長所を伸ばすとは、こういうことなのでしょう。

性質特長　ところが、生き方にかかわった性質行動上での特長となると、一筋縄ではいかない。まず、自己の欲望を強く意識させる（単なるわがままを認めるのではない）。「どうしたいと思っているの？」と受容的態度でやさしく問いかける。詰問では駄目。次に、やりたい目標に向かって挑み、失敗を恐れない太い精神を培ってやる。うまくいかなくても「それはお前さんが駄目人間だったからではなく、目標が高すぎたか、こちらの実力がそこまで達していなかっただけだよ。また準備をして、何度でも挑めばいいの」と、この子の身になって支えてやる。

人の話が聞けて集団の約束が守れる人間の良さ、人間性として最高の持ち味にぞっこん惚れ込んでやってさえいれば、とかく自己を狭く律していく傾向にある子でも、安心して自己拡大を図っていくであろう。

石を投げていてガラスを割った。教室でみんながおこられた。ボクは石投げにも加わっていないし、ガラスを割ってはいないのに、おこられていやだった……とますます萎縮していってはつまらない。日常の教室では、よくこういう現象が起きる。この場合は、同罪として叱られることに耐えられる神経も必要だ（同罪でないのに、同罪にされてはたまらないし、配慮のない指導でも困る）。

自分の規範をもって　子どもとは、おくびょうで気が小さくて、大人は怖いもの……としてこの世へ出てくるのではないか（生まれつき大胆で剛毅な性質が備わっている子もあるようだが）。子どもにとって、大人とは生殺与奪の権を握っている恐ろしい存在だ。怒らせないようにしないと生かしてもらえないと強く強くインプットされていると思う。

これが三歳頃の自我の芽生えで、大人は怖くない存在だと気づいて精神的に自立し、中高生時代に肉体的にも大人を凌ぐようになって独立する。ところが、五歳一〇歳になっても、大人とは怖いものという意識を持ちつづける子がある。こういう子は、大人の顔色を自分の生きる規範としてしまい「自分を生かすエネルギーの存在」を押し殺したまま齢を重ねてしまう。いい子いい子とやっていて、ある日突然にとてつもなくキレたりしたのではたまらない。

『さからわずいつも笑顔で従わず』（二〇〇〇年、サラリーマン川柳）。自分勝手な面従腹背では困るが、互いに認め合える状況にあっての正当な自己主張であれば、いつもにこにこ従わずの面があるのも生活の知恵でしょう。

6　躾けるとは何？

ちょっと、それとって！　会食しているとき「そこのおしょう油とってェ」とごくあたりまえとして、人さまを使役する。テーブルマナーとして許される約束になっている。これ以外でも「ちょっと、それとってェ」が許されるのは、同一目的で仕事をしている仲間同士の連携プレーの場だ。

その他日常生活では至るところで「ちょっと、それとって」をやってはいるが、右のような場面以外は厳密に言うと許されない。だからどんなに親しい間柄でも「ちょっと、それとって」と人さまに命じた後すぐに「ごめんね」をつけ加えたり「立っている者は親でも使えって言うからなァ」「立ち仏になって」などの弁解をつけ加える。「これは自分のやるべきことであって、あなたに命じてはいけないという痛みは感じていますよ」を公表しておかないと本物の横着者になってしまうからである。

依頼と命令と　このへんの微妙なちがい（人さまを使役しても許される場と許されない場のあること）があいまいなままに教室に入ってくると、まず子ども同士で矯《た》め合い（矯める＝悪い性質などを直す）

がはじまる。もちろん担任も「ちょっと変じゃないの？　人さまにたのんではいけないことじゃないの。自分でやることじゃないの」と自覚を促す。それでも気づかずにやっていると「誰ちゃんは自分勝手だ、威張りん坊だ」と嫌われ者となる。

幼児にとっては、自分でやるべきことと、母親にやってもらうこととの区別はあいまいだ。着替えが自分でできるようになったからと脱がせてはみたものの、いつまでも裸でとびまわっていれば、つかまえて着せたり履かせたり手伝わないわけにはいかない。親のほうでは、自分のできることは自分でやりなさいと躾けたいのだが、子どものほうでは、親がやってくれるのはあたりまえのことだと思っているから、躾けるのはなかなかむずかしい。

お母さん、やっといてよ！　……外から帰ってみると、小一の息子の、靴は脱ぎっぱなし、帽子も放りっぱなしになっている。靴はそろえて上がる、帽子は玄関を上がったすぐの棚に置くようにしてある。教えたときには一、二回できたが、この頃は全然やっていない。「佑一や、靴をそろえなッ！　帽子をしまっときなァ〜」とやると、だいたいいつも返ってくる言葉は「お母さん、やっといてよ！」だ。両手がふさがっているときは別だが、そうでなければ言われなくても玄関を入るときに私がやることぐらい至極簡単なことだ。「やりなさい」と言いつけてごちゃごちゃしているよりも、自分でやったほうがよほど楽だ。しかし、それでは躾にならんと思うし。そうかといって、今すぐはできなくてもいずれ自覚してくれればできるようにはなると思うし。「お母さんやってよ」は単なる甘えであって反抗的な態度ではないし、基本的に親の言うことが聞けないような性質の子ではないと思うから、そんなにしつこくやれやれと言わなくてもいいようにも思うし。もう毎日毎日、一瞬一瞬がこんなことの繰り返しなんですが、世間の親御さんたちはどうしているのかなァ……。(さつき)

迷うことが正解　どこまで許容するか、どこまで突っぱねるか、その都度迷うところに健全な躾が存在するのだと思うのです。いったん決めたことだからと、いつでも迷わず押し通すとしたら親でもない子でもない(人間でない)になってしまうのではないかな。迷うとはいっても病気になるほどでは困るが、時には感情が先走ったり、時には冷静に対応したりしながらも、この子とともに成長していく向上心と謙虚さとを持ちつづけていさえすれば、子どもはごく自然に自己の人間力を培っていく。この境地が躾であり、真の愛情でしょう。

クラス担任も「これこれをやりなさい!」「先生、やっといてよ!」のことで、その場その場でいつでも迷う。これを許したら、これを見逃しておいたら躾にならないのではないか。他の子に示しがつかんのではないかと迷いに迷ってイライラし憂鬱になってくる。しかし、まわりの先生たちやまわりの子どもたちから、甘い人だと思われようと何だろうと、許したいときには許してしまう。駄目先生だなァと自分でも悲しくなることがある。でも、子どものやるべきことを先生が手伝ったからといって、その子が駄目になるわけがない。こうした情状酌量があるから、また別のとき、こちらの一方的な要求もしぶしぶか喜んでか、とにかく受け止めてくれる。

こちらのわがままの許されることを期待して相手のわがままを許すのではない。「それとってよ！」と言われたとき、喜んでとってやりたいときにはとってやればいいだけのことだ。

7　心を示し合う。チョコ、いいじゃない。

おはやり　今までになかったことがはやりだすと、学校では対応に苦慮する。子どもの成長にとっていいことなのかよくないことなのか価値判断ができない。そこで何も問題にならないうちは、知らん顔をしているし、先生たちは〝流行〟には疎《うと》いことが多い。

ところが、連絡帳に「バレンタインチョコを買うんだと言ってうるさくて困ります」などとあったものなら、それっと禁止に乗り出す。生徒は勉強のことだけに関心を持っていればいいことで、そんな商業主義に毒された外国の行事に踊らされることはない——と。

学校は、時代を担う人間の育成にあたるので、時代を先取りした価値観にも挑むが、また一面では、恐ろしく頑固に古い価値観を守っている。こうした新しい流行（はやり）ものについては、世の中の価値観が定まるまでは、禁止の態度をとりつづけることが多い。

禁止というわけにも　保育園児と小学生を持ったお母さんたちに尋ねてみると、「一概に禁止というわけにもいかないでしょうねえ。商業ベースに乗せられている感じはしますが、今では老いも若きも、一大年中行事として定着していますからねえ」とのこと。

「佑香（年長さん）でも、兄ちゃの分、お父さんの分、おじいちゃの分、保育園の誰君の分と、それぞれに悩み（?）ながら選ぶのが楽しいようです。三月一四日のホワイトデーのお返しも、ちゃっかりねだっています。洋一（小二）のクラスでも、昨年チョコを持ってきた子があって話題になったようでしたが、洋一はまったく関心を持っていませんね。チョコを食べたいと思っているだけですね、今のところは」。

不公平を見つめる　教室の中が好きな子嫌いな子、もてる子もてない子など、生の感情が表面にギラギラしていると、グループ学習や係活動、掃除のグループ活動などでいい成果が上がらない。好きだ嫌いだはあっても仕方ないし、あるのが当然だが、勉強のときや掃除のときは、いったんお預けだよ。嫌いだから協力しないなどという心の狭いちっぽけな人間じゃあダメだぞ。

チョコの交換を許容しておくと、物をやったりもらったりを助長しているようで、誠に不安心である。好きな子嫌いな子の差別を取り立てることにつながりはしないか。物を与えたりもらったりによって、勢力関係に強弱が生じないか。与えた子が主でもらった子は従となり、一対一の対等な人間関係が崩れはしないか。

不公平が生じる原因になるからと禁止の方向で指導すればすっきりもするのだが、世の中は、学校の先生が考えるほど、そんなに公平にはできていない。体格体型、知能能力、性格性質などなど、それぞれ個人差があって、不公平なく教えたから全員一〇〇点が取れるというようにはなっていない。「チョコをもらえる子があり、もらえない子があっても、人間の価値には変わりがないのだ」ということを、うちでも学校でも指導するチャンスにはなる。

心を示す形式としても　人と人とがそれぞれの思惑でニコニコ・イライラ暮らしているのが世の中というもの。教室の中でも、子どもたちのそれぞれの思いが渦巻き波立ち静まりを繰り返している。自他ともに卓越さを誇っている彼が、チョコのもらいが少なかったり、もてるもてないなどと考えてもみたことのない彼のところに、そっとチョコが渡されるようなことがあってもいいではないか。

いくつもらったと自慢げに話題にしたり、もらえなかったとひがんだり非難し合ったりする程度の教室では、プレゼント交換そのものが成り立たない低次元だものね。利害関係とか力関係とかの夾雑物の入り込まない赤裸々な感性が、時に表現されることがあったっていい。「好《す》き不好《ぶす》き」の純粋な気持ちで人と向き合い、自己と向き合うのも、人と人とが等価であることをつかむ一助になるでしょう。

もらえばもらいっぱなしにもできず、「どうしよう?」と悩めば、相手を思いやる訓練の場ともなる。心の交流の場が少なくなったと言われる昨今、このように『心を示し、交流を促す』形式が保証されているのも悪くはない。女性から男性にだけでなく、男性から女性に、の日も大事にして、平凡な暮らしの中にうるおいを持たせるのもいいのではないでしょうか。

第八の話

勉強は野にも山にも

——家庭教育をめぐって

勉強の時間は勉強しかしない

1 勉強のくせをつける

くせになるのかな？　子どものうちに勉強のくせさえつけてしまえば、中学・高校生になっても親を困らせることなく勉強してくれるであろうと期待する。眼前の子どもを見ていても、ある晩はせっせと勉強しているかと思うと、次の晩もその次の晩も「宿題やったかやったか」と何遍言っても空返事《から》ばかりで何にもやらずに眠ってしまったようだ。決まりきった勉強なのだから、夕飯前までに片付けてしまうくせさえついていれば、親子ともに寝る頃になっていやな思いをしなくてすむのに……と多くの親御さんの思うところである。

そこで「先生、宿題をどんどん出して勉強のくせをつけてください」となる。

習慣と意志　子どもの頃に身についたいい習慣は、一生の宝である。箸の持ち方、食事の習慣、身のまわりの整理整頓など一生たいした変化もなくやっていく。勉強もこうなるといいし、現に、こうなる子もある。

小学校入学の日に、

きょうにゅうがくしきだった。

おとうさんといった。（子どもたちが並んで席に着いている絵が描いてあって）

と、日記を書いて、小学校六年間一日も休まずに書きつづけた子を担任したことがある。あまりのことに感心もし、驚嘆した。どうしたらこのようなくせ（習慣）が身につくのだろうか。何冊にもなっている日記帳を貸してもらって、その秘訣を探ることにした。そうして、いくつかのことを学んで、他の子どもたちへの躾や教育に役立てもした。

しかし、ここで探り出した秘訣が、この子が六年間日記を書きつづけることのできたエネルギーのすべてだとは思われない。これだという秘訣がつかめれば、どの子もできるようになるわけだが、現実はそんなにうまいわけにはいかないことからもわかる。

「たい」は親の願い　勉強のくせ、勉強の習慣とはいっても、水泳や自転車乗りのようにいったん身につけばいつでもできるというようなものとは質がちがうように思われるが、どうでしょうか。

「学校から帰ったら次の日の『時間割合わせ』をし、持ち物を準備して忘れ物がないようにする」ここまでは習慣として躾けたい。もっとも、これですら「たい」であって、どの子にも必ず習慣づくなどとはいかないでしょうが。まして「このとき宿題もやってしまう」と親は切に願うところであるが、持ち物をそろえるはズク（やる気）を出せば何とかなっても、宿題をやるのは頭も使うことだから、単なるズク（動作）だけの習慣とは質がちがうでしょう。

くせにはならない　いつの参観日の学級懇談会でも「勉強のくせ」は話題の中心となる。

「おかげでうちの子は学校から帰ってくると明日の時間割だけは合わせる」と一人の母親の発言に多くのお母さんたちは「いいわねえ、どうしたらそうなるの」とひとしきり賑やかに話し合われていて、別の母親から「うちの子なんかはそのとき宿題もすませてしまって、夕食後は風呂に入って寝るだけですよ」の発言に一同二度びっくり。さらにこの母親がつづけて「夏休みになる前の日だって、学校から帰ってくると休み明けの時間割と持ち物とをそろえてきちんとカバンに入れて、カバンのふたを締めて、もうこれで全部用意ができたと夏休み中、澄ましているんですからね」ときた。

生真面目でマイペースで控えめなこの小四の女の子をクラスの母親たちはみんな知っている。『やるだけのことは、やっているんだから』と彼女なりの正義を主張している澄まし顔が思い浮かんで、おかしいやら可愛らしいやらで大笑いであった。

ここで見るように、動作はくせ（習慣）にはなっても、「勉強する」はくせとはちがうでしょう。その子の成長に応じて、その時々で、勉強がしたくなるように仕向けてやることが親や先生の務めなのでしょう。先生や親のズク（心遣い）を出すくせが大切なようです。

2　勉強は野にも山にも、遊びにも。

どこにでもある　「藤村《とうそん》いろは歌留多」（島崎藤村作・岡本一平画・一九二六年発売）の中に「おもちゃは野にも畑にも」というのがある。遊ぶということから見れば、どんなものでもみんなおもちゃになるということでしょう。子どもたちの遊ぶ姿を見ていて、まさにそうだなァと感じさせられる。

国語の力とは何だろうと考えていると「勉強は野にも山にも」とつぶやきたくなる。勉強は教室だけじゃないんだがなァと言いたくなる。何をやっていても勉強だと思ってやっていると学力向上になるよ。

大人になれば誰だって「勉強は野にも山にも」でやっているし、子どもだって、言葉にはしていないが、教室だけでなくあらゆるところで学びとっている。無自覚ではあっても、かなりはっきりと心の中で働いている子と、文字通り無自覚のままで過ごしていると見える子とでは頭の冴えにちがいが出ているように思える。

言葉と学力　スイミングから帰るとき「下伊那郡医師会館」と書いてあるところが目につきました。医師と書いてあるのを見て、国語の教科書にも同じ言葉が書いてあったことを思い出しました。習ってみると、よく目についておもしろいです。（みき）

授業におもしろく乗っているから目につくのだし、野にも山にもの気持ちでいるから授業にもおもしろく乗れるのだ。うちでも学校でも、勉強勉強とこてんこてんに絞り上げて、「もう勉強のことなんて考えるのもいやだ」としてしまっては何にもならん。

国語力は国語の時間、国語の教科書だけでなく、どの教科、どの生活場面からも鍛えることができる。低学年の算数の時間に「足し算になる言葉を集めよう」と教科書をタテに読ませれば「みんなで、あわせて、またそこへきて……」と、あっという間に意識させることができる。

拾い読み　こうえんに　はとがいました。そのうち六わ　ト・ン・デ・いきました。まアたアニわ　ト・ン・デぃきました。はとはなんばへ……ナ・ン・バ・えッ?……なんば　へったでしょう。

一字一字確かに読めるぞと誇示しているような拾い読みを、長期間やっている子がいる。ほかにも、物語は見るが、ちょっとめんどうな文章や算数の文章問題はからっきし読まないし、読めないという子もある。

一年生の教科書で、字の多いのは国語の次は算数だ。算数で答えを急がすと、そこに見えている数字をやたらに足したり引いたりして、すましやすい。私は、「べんきょうとは字をよむことなり」をくどく繰り返す。そして飽きられないようにしながら、文字を見つめる時間がなるべく長くなるように工夫した。読みなさいと命じるのではなく、読まざるを得ない状況に追い込むようにする。卑近な例では、口頭で一言指示すればいいようなことでも、時にはわざわざ板書して、字を読ませるようにした。

文の論理　「……いました」の文で、いを見てイと音声化し、耳で聞いて、ああ確かにイと読めていると納得してから、目を移して、マと声に出してみて……とやっているようだ。イと声にしているときは、目はマのほうへ移していいのだよと強引に訓練もした。

公園に鳩がい……まできたら、マシタといい加減に言ってしまえばいい。文末は、「ました・でした」なんだから、だいたいの見当で読めばいいのだよ——などともやってみた。真面目で几帳面な彼は、いい加減ができないし、無理にやらせたら、まるで見当ちがいのウソを読んだりする。この手もうまくいかない。

暗誦させておけば、すらすらと話し言葉のように朗読できるだろうとやらせてみたが、「さすがに　くたびれて、ふわふわ　ふわふわ　ゆれながら、お山の　中へ　下りて　きました」サス・ガ・ニ・クタビ・レ・テエ――となってしまう。

この子の日常生活には「さすがに、〜して、〜ながら、下りてきました」という単語と単語をつないだ文の論理がまだ必要とされていない。やたらと大人の話に首を突っこんでくる、こましゃくれた子どもにするつもりはないが、一語か二語で用の足せる遊び言葉だけの生活ではなく、筋の通った大人の話もじっと聞き取る場も大切にしてやりたい。

3　勉強の時間は勉強しかしない――夏休み（その一）

勉強がおくれる　あれだけ教室で先生が目を光らせていても、やっとこのくらいの勉強が成立するだけなのだから、まして先生がついていない家での生活で「学校の勉強をせよ」と言ってもどだい無理な話だ。学校の勉強は学校でやらせるから、うちではうちの生活を楽しんでくれたらいい――。夏休みについての基本的な考え方は、こういうことでしょう。

「うん、わかった」と暗黙の了解が返ってくる家もあるが、なかには「それじゃあ遊んでばかりいて勉強せんから、勉強が遅れて困る」という声が返ってくる。「申し訳ないなァ。うちで一人で（先生のいないところで）勉強ができるようには教えてないからなァ」と反省させられて悔しくなる。

問われるからやる　やればいいことも、やるべき内容もいっぱい言いつけてはあるが、この子の家庭生活の中で、どの場面どの雰囲気で机に着かせたらいいか、具体的な状況が思い浮かんでこないので、言いつけてはいても、空念仏《そら》になってしまう。言っているほうに心がこもらないのだから、聞いているほうは、なおのこと上《うわ》の空《そら》なのでしょう。

学校では先生から「三分の一とはどういうことか」と問われるので考えるのである。が、うちでは問いを出す人もないし、「今日は分数の足し算を勉強するぞ！」とやることを決めてくれる人もいない。学校であんなにきつく訓練されている『ハイッ！　と挙手をして、指名されたらハイと返事をして立ち、直立不動で「○○は○○です」と答える』。このことは、うちでの勉強態度のどこで活きてくるのかな。先生の授業をしやすい生徒はつくっても、家庭学習のしやすい生徒はつくっていないよね。

うちにいたとするよ　うちでのやり方もたまにはやらせてみるのですがね。例えば、――さあ、いいかい、今うちにいたとするよ。テレビを見ていたり、ゲームをしたりしているぞ。床に座りこんだり寝ころがったりしてごらん。――さっきからお母さんが勉強したかしたかとうるさいので、しょうがねえから机に着くことにするぞ。――うッ、Aちゃん、そんなにお行儀よく座るかな？　横っちょに座ったり、足を投げ出したりするんじゃないの？　――さあ、勉強はじめてごらん。「何をすりゃあいいの？」それも自分で決めなくちゃあ。うちじゃ何をせよとは誰も言ってくれんものね。――そうそう。おやつを食べながらという人は、ここに、この間、先生たちが職員旅行で北海道に行ったときのお土産の牛乳アメがあるで、もらっていって食べながらでいいよ。今もらわなかった人は後でいいよ。数はあるから……。

いつやるか　ここで問題になることは、「何をどうやるか」を自分で決めなくてはならないことと「いつ」やるかの決断である。

「何をどうやるか」は先生から指示されることを受けて、自分で細かな計画を立てる。計画の立て方なども先生や親からその子に合ったものを本人と話し合って指示してやれる。最も重要なのは「いつやるか」の決断だ。

やる気になったらやるでは、やる気にならなければ、いつまでもやらないので駄目。やる気が起きようと起きまいと『決めた時間には机に向かう』とする。例えば「八時から九時までは勉強の時間」と決めたとする。

ここで一番大事なことは、勉強の時間帯には勉強しかしないということである。口ぐせのようにつぶやかせた。『勉強の時間は勉強しかしない。他の一切のことはやらない』と。学校の時間のように、一時間目がはじまったら、いやでも何でも席に着いて授業をやる。勉強が成立しようとしまいと、とにかく決めた時間のうちは、机から離れないことにする。そして本人は「勉強しかしない」とつぶやいている。

親の権威・実力で強制的に机に着けるのにも限度があるから、子ども自身で自分に課するように仕向けるよりほか、しょうがない。すっと実行できる子もあるでしょうが、どの子もとなると非常にむずかしい。親が一方的に押さえつけておいて「約束だから」守れと言っても簡単なわけにはいかないでしょう。その子の座っていることのできる実力に応じて、時間の長短を決めたり、一日の中のどの時間帯に設定するか、毎日同じ日課とするか、ちがう日課とすることで変化を持たせるか、いろいろな工夫が必要でしょう。

『勉強の時間は勉強しかしない』これが勉強のできるおまじないです。

4 村いっぱいの子どもかな——夏休み（その二）

夏休みでの遊び　〝雪とけて村いっぱいの子どもかな〟（一茶の句）

奥信濃の雪に閉じ込められていて春を待ちこがれていた子どもたちが、一斉にとび出して、どろんこ道で遊んでいる情景が浮かぶ。私の子ども時代は、村々、街々、辻々に子どもたちは、群がって遊んでいるのがあたりまえだった。

夏休みなどは、段丘崖の陰で川面に朝日が当たらないひんやりとした朝のうちから、天竜川へ出た。いく筋かの流れと広々とした川原は、カッパ連（泳ぎ自慢の仲間たち。私もその一人）にとって格好の遊び場だ。戦中戦後の食べる物もないときだったので、川へ捨てる物などありはしない。当時の川の水は、深山の湧水を思わせる水の匂いがあり、栄養分のない川砂やきれいに洗われた岩や石は、汚れやけがれとは無縁のものだった。

日中の日差しの濃いときは、うちに帰って昼寝をし、人さまの少なくなった午後の三時頃から再び川に出て夕方まで遊ぶ。日中の天竜川は裸の赤と頭の黒とシャツの白との人また人で埋めつくされる。上流から下流まで見渡すかぎり流れの中も広い川原も赤黒白の人で景色は一変する。昼寝をしていると、これらの川遊びの人びとのあげる歓声が、地鳴りのようにウワーンと伊那谷中に響いていて恐ろしいほどであった。

群れ遊び　昔の子どもたちは、夏休みにかぎらず、ひまさえあれば三々五々と群がって遊びまくっていた。群れて遊んでいる中で、「やっていいこと、いけないこと」を知らず知らずのうちに教わり、学んでいたのだと思う。

テレビとテレビゲームに興ずる子どもを見て、世の大人たちが「はてな?」と感じるのは、群れて遊ぶ子どもたちの姿を見かけなくなって久しいからである。

群れて遊んでさえいればいい子が育つなどと気楽に考えているわけではない。昔はそれしかしようがなかっただけだ。たまに大人（大きなお兄さん）が来て、高度の技を教えてくれたりすると、私はそのすごい技に驚き、目の覚める思いがした。あのとき大人がついていて、いろいろな体験をさせてくれたらなァと思わないでもない。しかし、大人たちはその日の暮らしに追われていて、子どもの遊びなどにかまってはいられなかったから、放っておかれたわけだ。

味方でない者は、すべて敵　ところが、今はちがう。

昔の子が群れて遊んでいた時間帯に、今の子どもたちは、学習塾のほか、種々のスポーツクラブや音楽芸能の習いごとなどに参加している。そこでは、子ども同士のヨコのつながりもないわけではないが、中心はプロの大人やセミプロの大人にタテにつながって指導してもらっている。技能は飛躍的に向上し、見様見真似《みようみまね》でやっていた昔の子どもから見れば、うらやましいかぎりであり、世話をし指導してくださる方々に感謝です。

スポーツクラブなどへの参加のほか、家族旅行とか買い物とか家族を中心とした動きになるので、近所の子どもと戸外で群がって遊ぶ時間がない。ゲームなど一人遊びも退屈しないようになっているし、第一群れて遊びたくても少子化のため、群れるほど子どもがいない。

そこで、群れていての学習は、いきおい学校学級にまかされる。ところが、この学級という群れは、近所の子が寄り集まった自然発生的な群れとはちがって、人為的な群れのために、スムーズに自分をさらけ出せなかったり緊張して身構えてしまう子がある。このところ私が時々相談にのっている小四や中二の女の子なども、「友達」という概念がきわめて狭いことを痛感させられる。友達とは自分の分身か忠実なペットのように思っており、友達でない人はみんな私に害を与える敵か何かのように思っているふしがある。

人づき合いのコツ　必要なとき必要な人と必要なだけつき合い（相手を利用していい思いをさせて

もらい、相手に利用されていい思いをしてもらう）、必要がなくなれば離れればいい。遊びを断られたから裏切られたとか、自分の言うことを聞いてくれなかったので絶交にしてやったなどと悩むようでは困る。

例えば私の子どもの頃のことですが、いくらカッパ連（前述）でも「一人では天竜川へ行くなよ」が不文律であったから、行きたくなれば、あの人かこの人かを誘えばいいし、誘われていやなら断ればいい。親友だとか親友でないとか、仲がいいとか悪いとかとはまったく関係ない。人と人とがつき合うとは、こういうことである。友達でない人は、みんな私の敵などという狭い考え方では困る。

5　ウワァ、おばあちゃ、天才。

ほほえましい　三世代四世代同居の家族の子どもと核家族の子とは、どこかちがうところがあるのだろうか。同居の子は強く自己主張をしていても、どこかでふっと一歩を譲って協調したりするような〝やわらかさ〟があるような気もするが、同居という環境でこうした性質がつくられるのか、その子が本来的に持って生まれたものなのか、判定がしにくい。三文安いかどうかは別として、年寄りといっしょの子のほうが、思いやりのある子が多いとは言われているようだ。

ただし、どちらが教育上いいからといって、すぐに同居家族になったり核家族になったりはできないのだから、それぞれ今ある環境の長所をさらに伸ばし、短所を補っていくよりほか、しょうがない。

お母さんがいなかったので、おばあちゃんと夕飯をつくった。おかたづけをすませて、やっとしゅくだいをしようと思ったら、「よしこ、おりといで」とお母さんの声がするので、おりていったら、まことが、私のパンツをはいていた。まことがおしっこをもらし、パンツがなかったものだから、私のをはかせたのだ。もう、おばあちゃんなんか大キライ！（よしこ）

長いこと一人っ子でいたところへ、弟ができた。おばあちゃんが孫たちやうちの世話もするので、お母さんはいっぱい働ける。

嫁の立場　今の世の中でこれだけ価値観が多様化し、生活様式が多様化してくると、年齢が一〇歳ちがっただけで、ものの考え方や感じ方がまるでちがってくる。まして、親子孫と三世代隔たると、よほど気をつけていないと、協調することだけに精力を使い尽くしてくたびれてしまい、お互いに自分のやりたいことも存分にやれなくなっていることがある。

わたしと妹は、しゅくだいのことやおかたづけのことで、今日もまたお母さんにおこられてしまった。わたしたちがちゃんとしないのがいけないのだが、このことで、お母さんは、おじいさんやおばあさんとけんかになってしまった。……（てるこ）

母親に叱られて形勢が不利になると、おじいさんおばあさんのほうへ逃げ込むし、学校の道具はうち中に広がっているし、おじいさんおばあさんの手前もあるので、そうそう言えないし、と嫁の立場の微妙さを聞くことがある。おじいさんおばあさんがいてくれて都合のいいこともあるかわりには、こうした悩みも生じる。

核家族が気楽なことはわかっていても、諸般の事情で別生活のできないこともある。また核家族は核家族なりに、おじいちゃんおばあちゃんの手が借りられない不都合さもある。そうかといって、「だから独身貴族さ」という人ばかりでは、世の中が困る。

昔は老成という言葉があったが、こう変化の激しい世の中では、老成しているひまもなさそうだし、娑婆塞《しゃばふさ》ぎ（生きているというだけで、何の役にも立たないこと）といういやな言葉も耳にしなくなった。

なっちゃった　ある日突然、小田原在住の昔の教え子（五〇歳前）から電話。「先生、えらいことになっちゃった！」「どうしたの？」「今朝、おばあさんになっちゃったァ」と。息子の嫁が男の子を出産したとのこと。息子から、お母さんと呼ばれたときだけ返事はしているが、お母さんとは飯田の実家の母のことであり、自分はそのムスメだとは思っているが母だとは思っていない。ましていて、おばあさんとは思えない。おばあさんとは、川で桃を拾う人であり、一寸法師の旅支度をする人であって、私ではない。

何歳になっても、物語のじいさんばあさんを演じようとしている人はいない。昨日のつづきや二〇年五〇年前に身につけたやり方をやっているだけなので、若い衆が見れば、「因業《いんごう》じじい」（私自身のこと）や「いじわるばあさん」に見えるのでしょう。

このごろは「老」という言葉もあまりよく思われていないようだが、どんなことばでも差別意識をもって使えば差別語になりますね。問題は「老」ではなくて、人の心に巣くう差別意識でしょうね。

敬老とは、敬する側と敬される側との呼吸がぴったりと合わないと成り立たない。うちにも九一歳になる敬されるべき方がいらっしゃるが、息子を生んでから今日まで、本能的に母親はしつこくやっているが、「かさこじぞうのおばあさん」には、さらさらなるつもりはないようだ。娘や私は、うち中にものを広げっぱなしで、探し物が見つからなくて、必要なときになると母(祖母)に「おばあちゃ、知らん？」とやる。「ちゃんとしとかんでよ」とぶつぶつ言いながらも、いつの間にか探し出してくれる。こんなとき娘は決まって、「ウワァ！　おばあちゃ、天才」とやっている。(敬老の日に思う)

6　子育てに罰は似合わない

ボク、作文をやる　夏休みに私の家へ何人かの子どもたちが勉強をしに来てくれたときのこと。課題帳の作文のページだけをやり残している二年生に、「ホウー、よく勉強したねえ。夏休みは今日で三日目。課題帳の勉強は終わっちゃうねえ。たいしたもんだ。……まだこのページがあるのかな？」と言うと、「うん。でも作文はいやだ。やらんでいいの」という返事。「そうか。めんどくさいものなァ。……後でみんなと遊ぶとき、今日はちょっと珍しいおもちゃを用意しておいたから、それを楽しみにして作文やったら」とだけ言って、それ以上は、やれともやるなとも世話を焼かないことにした。

この日は、これ以上課題帳には手をつけず、算数ドリルをやって、勉強時間が終わってみんなと遊んで帰っていった。次の朝、来るが早いか「ボク、作文をやる」と昨日はいやだと言っていた作文のページを広げて、いそいそとはじめだした。まあ、なんて可愛いんだろう。今日か明日か、「やらん（やらない）」と言っていれば、何とかやらせるように仕向けなくてはならないが……と考えていた矢先だったので、何とも嬉しかった。やるべきだ、やったほうがいいというぐらいのことは、本人が一番承知しきっていることだ。人さまに言われてやることではない。まして、おもちゃで遊ばせてくれたからやるとかやらないとかの次元のことではない。

何か遊ぶものはないの？　近所の子どもたちが、せっかくの夏休みに健気にも勉強しに来てくれるのだから、やるだけの勉強をしたら、何かで遊ばせてやりたい。「何か遊ぶものはないの？」と要求もされたが、楽しく遊ぶところを見たいので、珍しいと思われるおもちゃを見つけてきた。嫌いな作文の勉強をやらせるためではない。「おもちゃが出るから楽しみにして作文の勉強をやりなさい」とは言ったが、『やらないと出ない』という罰の考え方はしていない。だから、その日は、作文をやろうがやるまいが、おもちゃが出て、そのおもちゃを使って、いっときみんなと楽しく遊んで帰っていったわけだ。

アメとムチ　子育て、躾は動物の調教と似たところがあるので、アメ（ご褒美）とムチ（罰）とは大変に有効な手段ではある。しかし、アメとムチさえうまく使えばいいというものではなさそうだ。三歳児にもプライドがある。それなりの向上心、自己教育力がある。アメとムチだけでは表面上の帳尻合わせはできても、この魂をゆり動かす力にはならないことが多いのではないか。育てる側の信念というか理想というか、人間とはどういうものかという人間愛みたいなものが根底にすわっていないとうまくいかないようだ。

と、それくらいのことは誰でも気づいていることなのだが、いったんぐざり（すねる）だしたら、てこでも動かなくて手を焼いている日常は、こんなきれいごとは言っていられなくて、手っ取り早くアメとムチの出番となる。

玩具を買ってもらうことと、嫌いな勉強をすることとには、本質的なつながりはない。玩具が手に入ろうが入るまいが、勉強はやるべきことぐらいは先刻承知のことである。そんなわかりきったことを、今さら玩具と関連づけてやらせようとしている大人の甘さを、子どもはとっくの昔に読みとっている。まして「やらないから買わない」のは勉強の罰ではない。勉強しない罰（ばち）は、勉強ができなくて悲しいつらい思いをすることなのだから。

しないと買わない　「勉強すれば、お手伝いをしたら、何々を買ってやる」とアメをちらつかせて約束すれば、「しなかったら買ってやらない」の罰がついてまわりやすい。やらせるべきことはアメやムチに関係なくやらせることで、いくらすねようが、こちらも頑として譲らない。しょせん根くらべである。

自転車を乗り回す子になってほしいのは親の願いである。子どもがほしがるから買い与えるのではない。それを「何々したら買う」としたら、しなかったら自転車を買い与えることができなくなり、親の願いは達成されなくなる。安易な罰や怒り叱りは、育てる苦心苦労やそれに伴う喜びや楽しみを放棄することにもなりかねないのだ。

7　叱責はあるが罰はない

罰はわかりやすい　集合に遅れないようにするにはどうしたらよいか。忘れ物をしないようにするにはどうしたらよいか。お掃除をサボらないようにするにはどうしたらよいか。――と子どもたちに自覚を促したいから、子どもたち自身で話し合いをさせることがある。

今さら、どうしたらよいかと問われても、毎日のように先生から、ああしなさいこうしなさいと言われていることで、おいそれとうまい手だては見つからない。そうこうしているうちに、いつの間にか「どうしたらよいか」ではなく「できなかったらどうするか」にすり替わってしまい、どんな罰にするかが協議される。一回遅れたらどうこうの罰、忘れ物をしたら放課後廊下の雑巾がけなどと、罰の程度が細かく話し合われる。

低学年の教室で、忘れ物一つにつき竹の棒でお尻を一つ先生が叩くという罰に出合った。変だと思うよと、その先生に言ったら、「いや、これは子どもたちとよく話し合って約束したことだから、変ではない。子どもたちも納得している。ぼくも子どもの頃、おじいさんにこのようにやられた……」とのこと。

罰の厳正さ

どうしたらよいかと悩み、できないと叱り、できたと喜ぶことの繰り返しが子育てということであって、できないから罰と決めてしまうと、子育てにかかわる喜びや苦しみを放棄してしまうことになる。

罰が発生する考え方の根底には、「この子のために」の願い（愛）が消えていて、学校や先生や親のためが優先されている。さらに、罰は回を重ねるほどに厳正に適用され、情状酌量という人間味を失ってしまうので、人格を傷つけゆがめることになる。

叱責の中でお尻の一つも叩かれることはあっても、五つ忘れたから五つ叩かれ、三つ漢字が書けなかったからグラウンド三周走るなどは、願いと罰との間に、何らの必然も意義も見出せない。そんなやり方は、「いじめ」そのものであり、先生が「いじめの見本」を示していることになる。

心のふるえ

忘れ物をした不便さ、恥ずかしさ、悲しさは叩かれることで帳消しにしてはならない。忘れ物をしたための不安ややるせなさを持ちつづけるから、「明日は気をつけよう」になるのであって、罰を受けることで責任を果たしたのだと、気分を晴らしてはだめだ。

これと似たことで、子どもがわがままを言ったりやったりしたとき、「お母さんに怒られるようなことをしてはいけないとあれほど言ってあるのに、何度言えばわかるんな！　お母さんを怒らせたことを謝りなさい」と、ごめんなさいを強要していることがある。

このように、安易に謝罪を要求したり罰を出したりしていると、どんなにまずいことをしても、謝りさえすれば、叩かれさえすればいいのかになりかねない。

人さまを辱《はずか》しめたり、悲しい思いをさせれば「ああ相手は心が痛いだろうなア」と自分も心が痛くなり、自ずと「ごめんなさい」の態度や言葉になるように叱責しなくてはだめだ。叱り手の腹立ちをぶつけるだけだったり、罰や謝罪を要求するような、安易な叱り方では役に立たない。

今、この子の目を覚まさせようと取り組めば、罰なんかに気を散らしているひまはないはずだ。もっともっと、この子と共に苦しまなくてはならない。

期待されている　あれは二年生のときだったと思う。うちの近くの広場で、その日は何かあって車がいっぱいとまっていた。その中の一台、赤くてとてもかわいい車があった。近づいてさわったりしていたが、いつのまにか上にのったり、車のてっぺんからすべりおりたりして、さんざん遊んでいた。そのうちに車の持ち主が来て、私たちをみつめて大きな口をあけて、「なにをしているんだ！　こんなにきずをつけて」とおこった。そのうちにまたどこかへいってしまったので、私たちは逃げてしまった。今考えても、ひどいことをしたものだと思うが、そのときは、なんにもわるいことをしている気持ちはなかった。（六年　春江）
このように、ついうっかりとか何気なくやってしまう悪がある。これは一遍しっかり怒ってやれば繰り返すことではない。

ところが、甘えやズルは、母親なり先生なりを信頼した上で、このくらいは許されるだろうという期待でやっていることだから、何度でも繰り返される。めんどうくさいからと罰や謝罪を用意するのではなく、その都度、許容すべきは許容し、叱るべきところはきっちりと叱責してやることだ。

うたたねも叱り手のなき寒さかな（一茶）

第九の話

遊んでやれ、やれ！

——社会教育について

PTAの父親たちによる自転車点検

1 世の親父《おやじ》さんたちに――父親と子育て

遊んでやれ　幼児を持っている父親が「幾日かの夏休みで、少しはくつろげるかなあと思っていると、子どもたちが、いっしょに遊べ遊べってうるさくて困る」と言い出したら、居合わせた年配の父親たちは異口同音に「遊んでやれ、いっしょに遊ぶべきだ」と各々自分の体験を語りだした。

〝子どもは母親にまかせておくよりしょうがないと思ったし、子どもが育ち盛りの頃は、こっちも仕事に夢中だし、仕事以外でもやりたいことがいっぱいあって、土日などうちにいたことがない。子どもとなど遊んだことがない。そうして育ち上がってきたら、父親の苦労も哀しみも全然わかろうとしない人間ができている。ただただ親父を批判する目だけが鋭くなっている。こっちは我が子だと思っているが、向こうは親父との共通基盤を持ち合わせていない。うちの親父は家族も家庭も顧みないで、自分のやりたいことだけをやっていると思っているようだ。そりゃあ、仕事第一、家庭は第二でやってきたさ。しかし、それもこれも家庭が大事だからではないか。今、何がくやしいといって、その時期に子どもと遊んでおかなかった、この一点だけが悔やまれる。子どものある若い父親に出会うと必ず「遊んでやれ！」と半ば強制している……云々〟と。

親父から教わったことだが　このごろの一七歳の衆は、父親の生きざまを参考にして、己の生き方を決するというようなことはないのだろうか。また、親父たちは息子が参考にするような『世渡りをしていく上での知恵』を授けてきてはいないのだろうか。

五、六〇代以上の男どもだと、世の中へ出はじめた頃の生きる知恵は、多かれ少なかれ親父から教わったことであり、その応用で間に合った。「こういうことには頭を突っこまんほうがいいぞ」と親父がつぶやいていたので気をつけて見ていると、なるほどと思い当たることがあったし、「やれるといいんだが」と言っていた方面のことは、なるほどおもしろい。

細かな生活の知恵は、挙げればきりがない。稲づくりで「このことは俺が子どもの頃、親父から教わったのだが、やってみるとなるほどどうまくいく……」地域住民の共有する山での話題では「山へ入ったら何に気をつけるべきか、牛の餌用の草刈り、薪の取り方など、みんな親父といっしょにやっていて覚えたことだし、親父や近所のおじさんたちから教わったことで……」お寺の山の竹藪を切らなくてはの話題では「竹切りは藪の上のほうから切れ。絶対に下からは切るな、と親父がよく言っていたなァ。坂の上のほうから切っておれば、足を滑らせてもすぐ下の竹で止まれるが、下から切り上っていて転がれば下まで落ちるし、切り株で大怪我をする」。

出番がない　かつては、水汲みに薪割りに年中行事の飾り物にと、親子で共同して家庭生活を成り立たせていた。ところが今の生活では、父親と共同でやらなくてはならない場がきわめて少ない。テレビが出回りだした頃、「テレビに子守りをさせておいていいのか」と叫ばれたが、今は、テレビゲームが子守りをし、食事ですらひょっとするとスーパーやコンビニがやっている。

子育てに母親の出番すら怪しくなっているのだから、まして父親の出番などなくても子どもは生存していけるようだが、どこかでちゃんと人間の親子のつき合いを意図して設定しないかぎり、まともに向き合う機会のないままに流れていってしまう。

父親が出ると変わる　授業参観も個人懇談も、いつもいつもお母さんだったのだが、あるときお父さんが出てきて、「この子をどうしよう」とやると、まもなくこの子が別人の如く変革改善することがある。父と母と本人と先生とが発する「変わろう、変えよう！」の思いがバチバチッと放電し合って、全く新しい人格が誕生してきたときは、例えようのないぞくぞくした喜びに浸れるものだ。

本人に変革の機が熟していたからで、ただ単に父親が出ばったからではないでしょうが、それにしても、子育ての要所要所では、父親の存在がはっきりしていたほうがいい。これだけ価値観が多様化し変転めまぐるしい世の中にあって、何が真実かを父親自身がつかみきれずにおたおたしているのだから、子どもたちに生きる指針など付与しているひまもないし、聞いてもくれないのでしょう。がしかし、ここは一番、世の父親たちが本気になって取り組むべき価値のある問題だと思う。

2　ＰＴＡって、子どもは喜ぶよ。

ひまさえ　確かに余分なことだし、ひまさえなこと（飯田方言で、時間がとられて迷惑でかなわない、面倒だ）で、なるべくなら役員から逃れたいこともうなずける。ＰＴＡの存在意義は、なしとする人は少ないでしょうが、役員は勘弁してほしいと思っている人は多い。

〝学校全体のＰＴＡの重い役にはならなかったが、地区子ども会の世話係とか地区代表のような役員は順番制のようになっていたので逃れるわけにはいかなかった。計画を立てたり、ご近所の皆さんへ通知をしたり、会合の挨拶や司会をしたり、とてもできることではないし、何しろ毎日の生活も忙しいしと悩んでいたが、やりだしたら子どもに励まされた。私が役員をやっていることを子どもが喜んでいるのにはびっくりした。「お母さん、大変ねェ」と言って、お勝手を手伝ったり自分のことをそれまで以上によくやっている。確かに苦労だったけれども、あのとき役員を断らなくてよかったですよ〟というようなことを耳にする。

ＰＴＡの頃が華だ　孫やひこ孫のあるような人からは「ＰＴＡをやっている頃が人生の華さ。何しろ忙しいが充実していたからねえ」。プール建設では用地交渉から何からどうこうして……とか、このグラウンドも昔は半分ぐらいだったのだがＰＴＡ作業でどうこうして……とかの話が出る。今ではあたりまえのものとして使用している学校の施設も、戦後の復興期に多くの先人が、子どものためにと知恵を出し汗を流したものであることを忘れるわけにはいかない。
敗戦のショックから立ち上がるには教育が大事だと六三制を取り入れるとともにＰＴＡも入ってきた。「ＤＤＴは知っとるが、ＰＴＡって何よ？」とささやかれながらも、とにかく次代を担う子どもたちのためにとやってきて、当時では予想だにしなかった豊かな世の中で快適な暮らしができるようになった。そうしてＰＴＡという言葉は、すっかり日本語の中へ定着した外来語（アルファベット語 parent-teacher association）の第一号とでも言えるでしょう。

忙しい忙しい　ところが……（と言っていいのかどうか迷うが）こうしてよかれと育てられた当時の子どもたちが、親となって子育てをしている今の若者たちの中に、この快適な世の中になじめないでいる者のあることも見逃せない。日本中が、または人類史上で初めて経験する物質面での豊かさゆえに、精神面が追いついていかないのではないかと見当がついてはいるが、さしあたってどうするという有効な手だてが見つからずにお互いに苦しんでいる。
昭和四〇年代頃まではＰＴＡ活動に出てきているお父さんやお母さんから冗談まぎれではあるが、「何しろＰＴＡに行くと言えば、うちでも職場でも出してくれるからなア」と聞かれたが、この頃は耳にしなくなったような気がする。こんなに豊かになり生活に余裕ができているはずなのに、「会社は休めないし、ＰＴＡに行くとも言えないし、休めばまわりの人に迷惑をかけるし」と今の人のほうがＰＴＡ活動を敬遠しているのかな。

子どもがあるから会員になれる　あの頃（昭和四〇年）のこと。学級ＰＴＡの代表になったお母さんが、授業参観が終わって学級懇談会になったら司会者の席に着きながら、大きな手提げ袋の中から枕時計を取り出し机の上にどかんと置いて、「ああ、忙しかった。出がけに腕時計を捜したが見つからなかったのでこれを持ってきた」と至極あたりまえのこととして司会をはじめた。司会者がこのような飾らない人柄だったので、集まっているみんなも「そうそう、うちの子も見てくれた通りで、それ以上よくもないし、それ以上悪くもなし」とごくごく自然な態度で毎回楽しい話し合いとなった。

大人はみんなPTAを経験しているものだとぼんやり思っていたが、そうではない。子どもがないと『お父さんお母さん』にはなれないし、PTAの会員にもなれないのだ。せっかくPTAの会員になれたのなら、いつもいつもそうそう逃げてばかりでなく、たまには苦労もかって出たいものだと、今では人ごととなってしまったので、勝手なことを言わせてもらった。

3　バカになってやれ——集団訓練で培われる力とは

絶対服従　あれだけの時間と労力をかけている「前へ進め！」などの集団訓練で培われる力(広い意味での学力)は、社会へ出てから、どんな場面で役立ってくるのだろうか。「心身を鍛える」の身のほうはわかるとして、心のほうは何だろう。

命令には絶対服従の没個性的人間をつくるためなのだろうか。もしそうだとすると、社会生活上どの場面で生かされているのだろうか。

○こうしんのれんしゅうをやりました。ただあるくだけで、おもしろくありません。あるきかたがへただと先生に怒られてしまいました。

○大玉おくりがありました。ぼくはさわろうとしたけど、さわれませんでした。まだいちどもさわっていません。四年か五年のところで二どもおとしたので、赤はまけてしまいました。

○ラジオ体そうをしっかりやれと先生におこられてしまった。まげたりするところがめんどくさいので、いいかげんにやっている。力を入れて曲げても、テレビで見る体そうのせん手のようにはまがらないし、足もあんなふうにはあがらない。（以上、利行君の日記）

個人的事情　「規律ある集団行動の体得」が教育の目標だ。規律ある集団行動をさせるには、時に個人的な思惑は無視される。「右向け右」のとき、左前方をチラッと妙な鳥の影がよぎったので見たくなっても左のほうへは首を動かしてはならない。さっきの行進のとき、足の裏がチクッとしたが、今は「気をつけ！」のときなので足の裏を見るわけにもいかない。

同じくらいの学年を五クラスとか六クラスまとめて集団行動をさせるとき、よそのクラスの子どもたちは、十把ひとからげで命令できるのだが、担当クラスは一人ひとりの顔（事情）が見えてしまって困惑することがある。

集合を指令して、徐々に集まってくるのを待つ。早く来た子は遅く来た子をイライラして待つこともあるが、先生のほうはある程度は仕方ないと思っている。比較的早くそろうクラス、多少遅くなるクラスがあることも気にはならない。が、自分のクラスが遅れることは、うんと気になる。「普段にちゃんと躾けておかないからよ」と思われるようで、いやなものである。

そうこうしていて、ほぼそろったかなと一安心しかかったとき、うちのクラスの誰ちゃんと誰ちゃんとが列から離れて今来たところへ帰っていく。「今、五分辛抱して私の指示通りにここに立っていてくれたら、すぐに個人的な用足しができる時間を確保してやるのに」と痛いほど思っているのだが、子どもには通じない。集合の笛で、あわてて集まってしまったが、「虫かごのふたをちゃんと閉めてきたかしら」「あわてて集合したので、トレパンのハンカチをショートパンツへ入れるのを忘れた」と、のっぴきならない事情がある子もいる。クラスだけのときは、この事情は許されるが今はちがう。誰ちゃんにしてみれば、いつもの先生が号令をかけているのだから、ちがってはいない。

こんなとき、子どものほうの事情を一切無視して、無機物・ロボットだと見なして命令できれば、集団の規律は保てる。これらは普段に見られる学校での光景だが、このような内部事情もある。

頭を使う　授業中、ボーとしていると「頭を使え！」と怒られる。行進中、頭を使って思いついたことを口にすると、「黙って歩け！（ボーとしておれ！）」と怒られる。

どうやったらもうかるか。どうしたら少しの労力でたくさんの仕事をこなすことができるか。どうしたら、おもしろおかしく暮らすことができるか。……と必死になって頭を使っている。この頭の使いようで、人類は科学も文化も進歩させてきた。

「何がおもしろくて行進をするの?」と問われても返事ができない。「そんな余分なことを考えずに、バカになって歩け!」というよりほか、言いようのないときがある。

数学の授業をやっていたとき、「そんな理屈を考えないで、ここのところはバカになってやれ」と言ったら、真面目な男子生徒が、とても不審な顔をして「バカになっちゃあ勉強できんら?」と反問してきた。

生きているかぎり利害得失から超脱することはできないが、そうかといって損得だけにこだわり、近道ばかりを歩こうとしていると、ついつい小利口になっていることがある。『聡明叡知、之ヲ守ルニ愚ヲ以ッテス』。損得を度外視して、バカになることも、時には必要なことでしょう。

4 「目立ちたいの心」と「いじめ」と

自己顕示　小学校高学年から中学生の頃、やたらと自己顕示欲の強い子がある。とにかく目立ちたい。どこにいても自己の存在をアピールしつづけていないと気がすまない。この時期はどの子も自己主張が強くなるので、並以上に「目立ちたい」を主張すれば、まわりと絶えず軋轢《あつれき》が生じる。

「目立ちたい」を演じる子に二つのタイプがある。ひとつは、その場の状況やまわりの子どもたちの思惑とは関係なしに、ごく単純に、いつでも目立っており、目立とうとしている子。もうひとつのタイプは、みんなと同じでなくてはならない（みんなは世間並みの規範でなくてはならない）としながらも、自分だけははっきりと目立っていなくてはならないとする子。このタイプは、絶えずまわりの状況に神経を遣っているので、いつでもピリピリしており、人間関係で問題を生じやすい。

けなし合い　教室の中に後者のタイプが一人いても大変だが、二、三人いれば不信感の渦巻く不安定なクラスとなる。こうしたクラスはみんな取り澄まして、一見すると何も問題がなさそうだが、内実は戦々恐々としたものになっている。

みんなと同じでしかも自分だけは確実に目立っていなくてはならないという雰囲気は、一人二人が隠然と主張しだすと、クラス中に伝播する。その結果、ちょっとでも目立つことがあると、すぐ引きずりおろす力が働く。事実を正当に評価し認めることができなくなり、僻目眇《ひがめすがめ》から、けちをつけ合い、けなしけなされが日常化する。当人も含めてクラス中が「けなされるのではないか」に絶えずおびえていなくてはならなくなる。

制服を着、髪の長さを規定された女子中学生の髪型は、一人として同じものはない。顔立ちや髪の毛の性質のちがいから当然だと言えば当然なのだが、「みんなと同じでないと恥ずかしい」としながらも「私だけはみんなとちがう」と厳然とした自己主張の典型であろう。

目ざわりだ　目立っているためには、他より優れていればいい。しかし、すべての状況においい

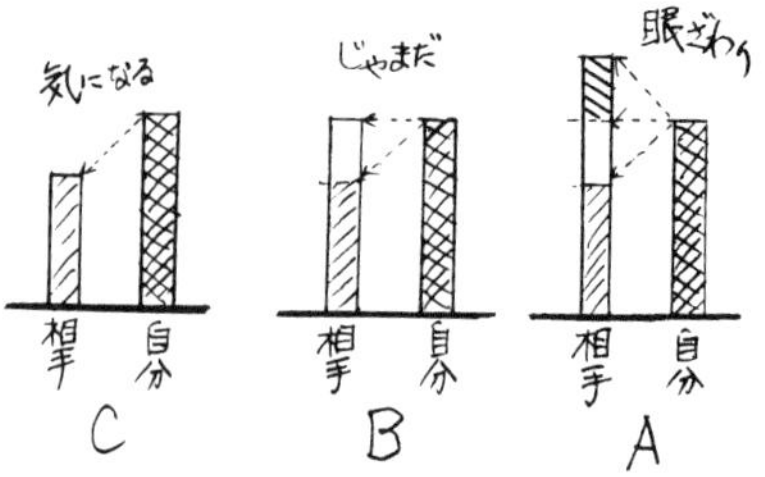

目立ちたいの心といじめと

て卓越しているわけにはいかないので、自分が目立つためには、他の引きずりおろしやけなしが行われる。自分と比較して、相手がA高い、B同じ、C低い、の三つの場において、それに応じたけなしをし、おとしめることによって自己の優位性を主張しつづける。このけなしがイコールいじめになっている。だから、いじめはいつでも生じているのだ。

Aの場合　自分より優れた奴が目ざわりでたまらない。長距離走でわずか半歩先を行く人を追い越そうとしても、どうしても追い越せないいじれったさを誰でも味わっている。自分より先を行く奴が気になりだすと、気になって目ざわりで悔しくてたまらなくなる。走力で負ければ「あいつはただ足が速いだけで頭はからっぽだからな」とか、勉強で優位な奴には「ちょっとばかり勉強ができると思って生意気だ（特別生意気でなくても）」とか、何かケチをつける。女生徒は、この上、顔立ちや体形、それに性格性質など、気になることはいっぱいある。

Bの場合　自分の優位性を誇示するためには、相手の欠陥を探し出してはケチをつけつづけないと自己の優位性は保持できないと思っている。

自分と同じか少し下と目される奴が、何かのことで先生にほめられたり、みんなから賞賛されたりすると、Aの場面になったと錯覚して、すぐに引きずりおろしにかかる。陰険ないじめが生じるから、うっかりほめられるようなこともできなくて、教室中、疑心暗鬼に陥る。

Cの場合　相手にせずに放っておけばいいものを、みんなといっしょでないもの、劣った奴が気になる。さらに「今の位置から上に上がってくるなよ。邪魔になるから」と折々に痛烈なダメージを与えつづける。

いじめ　これらのことを一人二人と仲間に誘い入れては、ひそひそとやり白い眼で見合う。元々ありもしない欠点をさも重大事と挙げつらってケチをつけるのだから、この筆法でやられたら、いつでもどんな奴でもやっつけることができる。仲間に誘われた人も、いつ自分が矢面に立たされるかと不安だし、やりはじめた当人も、自分もやられるという不安にかられる。

このＡＢＣを模式図にして生徒に示して「人さまのあら探しをしても、自分は高くはならないんだよ」とお説教をしつづけた。いじめの発生原因は、いじめることとそのことに快感を覚えることと、もうひとつは、この「目立ちたい」という心がやらせるのではないか。

5　〝ジコチュウ〟の快楽から人の痛みを知ること

自分勝手　初めて体験する作業学習——新しい用紙に清書する、版画板を彫りはじめるなど——みんなが怖じ気づいているとき、真っ先にやって、成功例、失敗例の模範を示してくれる子がある。もっと極論すれば、誰もがやりたいと思っている自分勝手をやって見せて、あそこまでやればダメ、ここまでなら許されるという限界をわからせてくれる。だから、しょうのない奴だとしながらも、憎みきれない魅力がある。

ところが、怒られるほどの自分勝手もやらないし、ほめられるほどの奉仕活動もやらないが、一通りの身辺処理はできているという子がある。手がかからなくていい子だとは言っても、どこかもう一歩魅力に欠けるのかな。ちょっとそこの物を整理しておいてもバチは当たらないのだがなあと言いつけても、おれの出した物ではないと拒絶される。「お前さん自身そこで暮らすのに不都合ではないか。ちょっとズク（根性）を出せよ」と。

自己中心　子どもとは、もともと自己中心で生まれてくるのかな。この世の中はすべて自分のために存在しており、自分のやることが全部正しいとしている。

これを、自分も人さまの一員なのだなと気づかせていくことが、広い意味での教育ということでしょう。人さまの世話になって生かされているのだから、人さまも活かさなくては不公平である。そして、自分と人さまとは対等であると心の底からわかるようになることが人間として成長していくということでしょう。

おれはこうしたいんだ　AB二つの小学校から中学へ来て、少し慣れてきた頃、A小学校出身の彼とB小学校出身の彼とのけんかがあった。言い合いがあり取っ組み合いがあって、腹の虫が治まったのでB小学校の彼は手を引いた。一部始終を見ていた誰の目にも一段落と見えた。

ところがA小学校の彼は治めようとしないので止めに入った。「もうやるだけやったで、やめろやめろ」。すると、「おれは怒り出すと、いつまでも怒っている奴なんだ」と食ってかかってきた。

ここまでは、お互いの自己紹介のためのけんかだし、傷つけ合うようでもないしと笑ってみていたが、この一言でカチンときた。「何よぅ！　誰がそんなことを決めたんだァ。いいかげんにしろ」と叱りつけた。こうした思い込み・独善は、押し通されたら、まわりは迷惑だ。

勝ち逃げ厳禁　遊ぶことしか能のない子どもの頃、ビー玉やケン（拳打ち・ペッタン）で、勝ち逃げ禁止は暗黙のルールだった。自分が遊びたいだけ遊んで、相手の調子が出ないうちに、飽きたからやめるのは卑怯だった。

教室での一日の反省会で「誰ちゃんは負けるとすぐやめてしまうので反省してください」と折々話題となる。

年中さんの女の子と小一の男の子を持ったお母さんの話です。友達が家に来て遊んでいるとき「これはうちのおもちゃだからワタシが使う」と貸そうとしない。テレビゲームを二人で対戦していて、自分が不利になるとスイッチを切ってしまう。友達が「まだ途中だった」と言うと、「ボクのゲームだから切った」とケロッとしているとのこと。いつもこんなことがあれば、友達になる人はいないわけだし、お母さんは指導しているというのだが。誰の心にもこうした自己中心的なところはある。これが相手の気持ちを逆なでしているなどと思ってもみないから怖い。

我が身をつねって人の痛さを知れ

とよく言い合っていたが、今はあまり耳にしないのかな？
自分の車の中は、ごみ一つなくきれいで、ジュースの空き缶やたばこの吸い殻は窓から放って
いく。こうした独善は、勝ち逃げ禁止のルールで気づかせていきたいね。

第十の話

せんせぇ、いてえか
／うん。

――教師のあり方

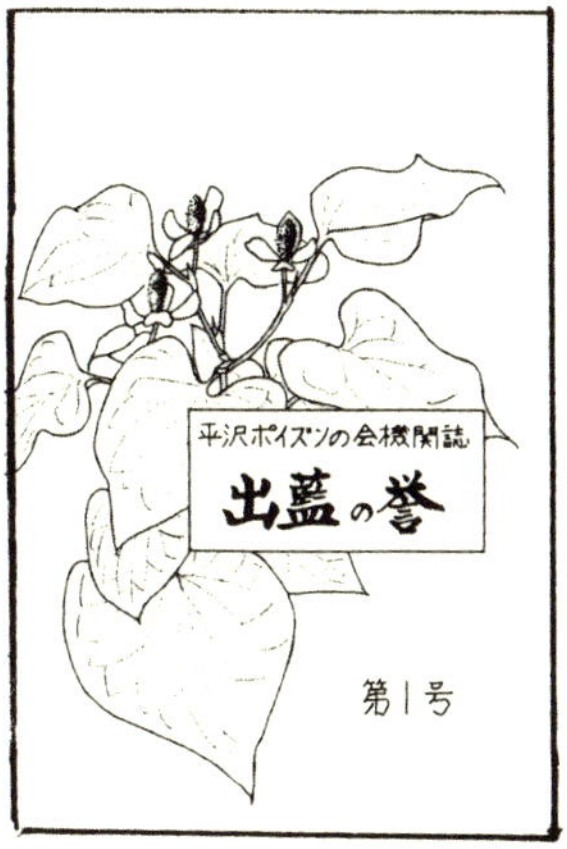

青は藍より出でて藍より青し

1　先生の視線の先はどこ、子どもへの目線は。

せんせいのまなざし　〝目は口ほどに物を言い〟だが、口以上だと思う経験は誰にでもある。それほどに目・視線はその人の中身を伝える。

子どもたちは、その日その日の先生の顔色を見て、安心したり警戒したりしているわけだが、日常の顔色とは別に、その先生の人間力とでも言える『視線』は、どんなふうに感じているのだろうか。「この先生は、ボクのところにきちんと視線を合わせるなア」「あの先生は、私のところにはきちんと視線を合わせないなあ」の、いずれかであろう。

合う合わないの二種類にもう一つ加えて、次のＡＢＣの三種類がありそうだ。

Ａ　子どものところへピタリと視線・焦点が合わない・合わせない

・どうもこの先生は、オレのところをちゃんと見ていないなあ。先生の言うことは、いちいちごもっともなんだが、オレの本当の痛みとは、どこかちょっとずれている。

・子どもたちのところまで視線が届かない。眼力が弱い。よそ見をしているみたいだ。

・探照灯のような強い眼光でギラギラと見てはいるが、自分の発する光に映し出されたものは見るが、映し出されないものや陰影の部分は見ない。自分の眼力を信じている。「この先生は、自分の基準だけで見ていて、私の事情などは見ようとしないなア」。

これらは子どもの側が、自己を正当化するための方便としての見方も含まれている。先生はきちんと焦点を合わせていても、わざと視線をそらしておいて、「この先生は、物事をちゃんと見ていない」と無視する場合も含まれる。無視する子どもの側にも責任はあるが、方便として使われる程度の「視線」と感じられる側にも責任があるだろうという意味も込めて、合う合わないの分類からすれば、合わないの項目に入れる。

B　視線は合っている、焦点を合わせている

・ちゃんと見ていてくれる。私の言い分も正当に聞き入れてくれる。先生と生徒との関係はこれで一応は完結である。が、生徒の要求はさらに高度となる。
・「俺（先生）はこんなにお前たちのことを考えてやっているのだ。できないのは、お前が悪い、うちがよくない」になりやすい。それで、子どもたちは、
・この先生は、オレ達のことは何でもわかっているという顔をしてかなわん。確かに見ているし、視線は合わせているのだが。
・いい先生なんだが、今一つ何か頼れないなア……と子どもたちの要求は尽きない。

C　この先生は、私にピッタリと合う視線と、もう一つ私を突き抜けていく視線を持っている

・私を貫いていった視線は、私の中に潜んでいるよいものの優れたものを見ているようだ。
・貫いていった先には、とても崇高な真理を見据えているようだ。
・この先生のもとにいると、知らず知らずのうちにいい人間になれるような気がする。

以上、ＡＢＣは、小学生は小学生なりに、中学生は中学生なりに、言葉にはならない本能の部分で感じるところを、あえて言葉にしてみた。先生の立場からすれば、Ｃでありたいにはちがいないが、Ｃであることを押し売りしてもはじまらない。あるときはＡと感じられ、またあるときはＢとかＣとかに感じられるのでしょうから。

「生徒理解」を生徒の側から「先生の視線」として見ると、こんなふうになるのかな。ここに挙げたＡＢＣは、生徒と先生との関係だけでなく、日常の友人知人関係や、職場の人間関係、世間のつき合いなどでも似たような思いをすることがあることでしょう。

2　よくなったようだと言い合いたい——個人懇談会

取り付きやすい　〝談合は取り付きやすい顔にいひ〟（談合とは相談のこと）と古川柳にあるが、先生としてこの顔は取り付きやすい顔なのだろうか。子どもからもうちの人からも頼りにされているのだろうかと改めて考えさせられる。建前とすれば、普段に子どもの動きを見ていて気づいたことを懇談の際、語ればいいわけだ。が、懇談・相談であるからには一方的な通告・通達ではない。「この子をどうするか」を親と先生とで親しく相談し合わなくては意味がない。「うちの子は、どうですか」と尋ねられて、用意しておいたことを一通り語り終える。さて、「現状はよくわかりました。それでは、これからどうしていったらいいでしょうか」と問われてギャフンとすることがある。それがわからないから、こうして懇談をしているのです。どうしたらいいかがわかっていれば、とっくの昔にやらせていますと言いたいところなのだが、そうも言えない。

恥をかかせる　懇談会の日が近づいてくると、心配顔でまとわりついてくる子がたまにはある。「心配するな。お前さんの悪いところなんて、お母さんに言いつけたりしないから。陰口や告げ口をするような人に見えるか？　お前さんにもお母さんにも、恥をかかせるようなことはしないから、安心しろ。言いたいことがあれば、懇談会を待たずに、いつだってお前さんに言いつけているのだから」。言いつけたいこと、やらせたいことがわかっておれば、うちの人になんか頼んでいない。学校で、その場でやらせている。

今後こうしていこう　話し合われる観点は大きく分けて二つ。生活態度と学習の様子についてである。中学では、これに進路問題がかかわってくる。

生活態度面は、学校でもうちでも見えていることなので、話し合っていれば共通点が出てきて、「今後、この点に気をつけていきましょう」と双方で確認できやすい。忘れ物のあるなし、やるべきことがきちんとできるかどうか、人づき合いはどうか、性格性質上での長所短所は何かなど。教育の育の面はわかりやすい。

ところが、教の面になると、一筋縄では行かない。「勉強はどうですか」と問われて「勉強すればよくなる」としか言いようがなくて閉口することがある。「よくない」と親に言いつけてみても、親御さんがうちで勉強を教えているわけではない。勉強をやらせているのは学校なのだから、「よくない」とすれば、学校での先生の教え方がよくないということになり、痛し痒しである。

よくなっている

懇談のとき、学校から「お宅の子は出来がよくない」と言われるのが怖いからと、先回りをして、「ちっとも勉強しなくて困ります」と繰り返し言う親がある。「勉強をしているかしていないかの判定は先生がやります。宿題もちゃんとやってきているし、授業態度も積極的だし、この調子で伸びていってくれればいい」と思っているのに、うちの人から「困ります」と言われると、まだ何かこの子の悪いところを見つけないといけないのかな？　という気にさせられる。授業中もサボらせずにやらせていて、しかも親御さんのねらっているところまで行ってないとすると、先生からも子どもからも悪いところを探さなくてはならなくなる。

たとえ、相変わらずで、もう少しやる気を出して取り組んでくれるといいのだがとは思っても、「この頃だいぶやる気も見えます。親の欲目かもしれませんが」と語り、ついでに「先生のこれこれとやってくれるおかげで、こんなによくなった」とおせじの一つもつけ加えられると、先生は舞い上がってしまいます（もちろん先生への批判的な注文だってやっていいわけですよ）。双方で「よくなった、よくなった」と懇談していると、悪い悪いと言い合っている子よりも、早めによくなるから不思議です。

生活行動面では、悪いことは悪いと親も先生も断固として言い張り、敢然と矯正していく厳しさ、勉強面では子ども自身の自己成長を信じる甘さがあっていい。現状より悪くなろうなどと思っている子は一人もいないのだから。

3　思いやりとやさしさと

いてえか　ひどい肉ばなれを起こして松葉杖で登校した私を、目ざとく見つけて近寄ってきて「せんせぇ、いてえか」と自分のことのように痛がってくれた彼。

ほかの子どもたちは心配顔でただ遠巻きにしている。担任をして日が浅いので無理もないが、私も異動で学校がかわったばかり。心細い思いをしているときだったので、近寄ってきてくれてこの一言は嬉しかった。どんなに励まされたことか。

純粋なままに　その後三年間、この彼を担任させてもらったが、思いやりの気持ちとか、時に純粋な感情がむきだしのままになるところなどは五年生になっても六年生になっても全然変わらない。全校で映画を観ているとき、キャッキャッと奇妙な声がするので不思議に思って耳を傾けたら、彼が忘我の境地で映画を楽しんでいるのだった。何ものにもとらわれないこの感情の発露は何とも可愛らしい。

大平キャンプに行くとき、どんなところだろうと思ってドキンドキンした。ついたとき「なあんだ、こんなところか」と思ったけど、ほかの人が「なあんだ、こんなところだったのか」といったので、ボクは「こんなところだと思ったに」とうそをついた。……

作文の苦手な彼が（バスも苦手だったかな）バスに揺られてやっと到着し、現地を見ての一瞬のしかも微妙な心の動きを鋭く的確に表現している。この程度の「うそ」は誰でも始終やっており、忘れて流しているのに、彼は自分が許せなかったのだろう。それで後日の作文のとき、そのときの気持ちを、はっきり想起して文字化している。作文にかぎらず、どんなことにも、このように優れた能力の持ち主なのだから「苦手だ・意欲を示さない」のは彼のせいではなく、担任である私のせいだ。

吸収している　その彼は、教科書の読みにはあまり意欲を示さないが、ひまさえあれば図鑑や百科事典を広げている。はたから見れば、ただ眺めているだけのようだが、時間つぶしに眺めているのではなく、見るものがすべて彼の血となり肉となって消化し吸収されている。小鳥の巣箱かけをやりだしたら「上や下にこんなふうに枝のないところがいい。ヘビが入ったりするから」と実に具体的で的確な指摘をする。ヤマメとアマゴとイワナを精緻に描き分けることもできる。しかもその作業の熱心さ、目の輝きは、普段の彼とは別人である。

彼の机の中には図書館から借り出した本が二冊や三冊必ず突っこまれている。教室の後ろの棚や前の棚には、彼の読みさしの図鑑がいつでも広がっている。授業中、先生は「読んだら疑問を持ったり感じたりしなくては勉強にならない」と口を酸っぱくして指導しているが、彼にとっては、読むことと感情を伴って疑問を持つこととは同時に成立している。

ヘマをして怒られる　ところが、こうした彼も全般的に見るかぎりでは「授業への取り組みも甘いし、身のまわりの処理は下手だし」と悩みのタネが尽きない。

廊下でいきなり空中回転を軽々とやってのける器用な彼が、運動や遊びではいいところが発揮できない。チームプレーでは、彼がちょっとしたヘマをしても、味方のみんなからきつく非難される。そんなに彼だけのせいにしなくてもいいのにと思われる場面でも、彼は文句を言い返すこともなく「本当にすまなかった。オレのせいでみんなに迷惑をかけてしまった」と気の毒なほど申し訳ないという態度になる。それをいいことに、まわりからはさらに厳しい言葉がとぶ。

まわりの者、クラスの仲間は、彼のよさ凄さは担任以上に承知している。バカにしたりバカにされたりし合っているわけではない。それなのに、なかなか彼の出番がない。私は、もっともっと彼が前面に出て活躍する機会をつくらなくてはと思いつつ三年間の担任期間は過ぎていった。

「せんせぇ、いてえか。……うん」。この純粋でやさしい思いやりの深い彼に比べて、教師としての私自身の不甲斐なさを恥じる痛みでもあった。

4　ひげそりに、シャンプーに／社会見学で

百聞は一見に　社会見学や体験学習は、決まりきった教室での国語や算数の勉強とはちがって、一人ひとりの出番が多いので子どもたちは喜んで取り組む。が、企画や準備をするほうでは、時間がかかって大変である。やるといいとはわかっていても、なかなか時間が取れない。

低学年の生活科では「春をさがそう」の単元で校庭のまわりの田んぼや畑の畦道に散らせておいて、気のついたものを教室に持ち寄ってきて、動植物の名前や性質を調べれば理科学習になるし、数を扱えば算数学習になるし、文章にすれば国語力を鍛えてやることができる。

ところが、高学年では、国語や算数の時間をつぶして体験学習や社会見学を取り入れても、今やっている算数や理科の学力を直接には鍛えてやることにはならない。教室内で嫌々やらせているよりも、外へ連れ出して生《なま》のものに触れたほうがいいことはわかっていても、半日一日つぶして出かけるには勇気がいる。

ちっぽけな自分　松本城―お城の中は薄暗くて、急な階段をおっかなびっくりのぼっていった。お姫様は着物のすそをまくり上げて、この階段をのぼりおりしたのだろうか。明るかったのは月見やぐらだけだった。柱が何本もあったけど、昔の人はじゃまにならなかったのかなあと思った……。（ふみこ）

お城や消防署、市役所や県庁などは、珍しいなあ凄いなあと、感激したりしながら、子どもたちといっしょに楽しんで見て回ることができる。知らない世界ではあっても、中身は見当がつくからだ。

ところが、魚や野菜市場とか港・工場見学は、凄いなあと感心だけしているわけにはいかなくなる。そこには、私にとって日常では考えてもみない、人間の営みがある。製鉄所で深紅の鉄の流れが、水に冷やされ延ばされていくところを、はるかに高くて遠い見学通路から眺めていると、普段に自分のしていることは何であるのかと問われてくる。教室内では、森羅万象に通じているえらい奴だと威張っている自分が滑稽に思われる。世の中の生々しい現実を何も知りもしないくせに、重要でもないことに力こぶを入れて、子どもたちを叱りつけたりしていることは、この深紅の鉄の流れと比べて、何なのだ？

教室内での価値観がいかに人為的で一面的なものであるか。このすさまじい世の中を生ききっていく力となるものを与えているだろうかと、次々と自己に問われる。子どもたちには、こうした物凄い世の中のありさまや人間の営みの怖さに畏敬の念を持って、たくましく生きていってほしいと念じる。そして、自らのよき未来を感じて欲しいものだ。

ひげそりにシャンプーに　諏訪湖遊覧。諏訪湖の話や諏訪地方の歴史や民俗の説明をし、製糸の片倉、片倉会館の説明に入って、教室は未知の体験を予想して緊張していた（うちの親たちと旅行するときは、どこへ行くか知らなくてもいいし、どんな物を持っていくかなど考えなくたっていい。要所要所は親の指示があるし保護があるから気楽なものだ。ところが、学校の旅行はそんなわけにはいかないから緊張する）。

風呂に入るのだが、持ち物は手ぬぐいに……としゃべろうとして、「持ち物は」で一呼吸ついた瞬間、「ひげそりにシャンプーに」と秀樹君の声。何のことかわからなくて、私もみんなもポカーン。ちょっと間があって、風呂、手ぬぐい、シャンプーの連想であることがわかり大笑い。初々しいポチャポチャした子どもたちの肌にひげそりは、いかにも不似合だ。

彼のお父さんは時々出張がある。出張の前の晩の、ちょっぴり不安と道中の安全を祈ったお母さんの持ち物検査の声色だ。可愛らしいやら、おかしいやら。涙を流して笑ってしまって、その場の授業は打ち切り。

こうした場面は、先生の独壇場で、得意になれる場であるだけに、生徒のほうも珍しがるが、聞きくたびれもする。「もう放課後にもなっているし、また明日にしようヨ」という切なる訴えであった。こういう声の出るクラスにしておくこと、こういう声を耳聡く聞き取れる先生にならなくてはと気づかされた。

この彼の抜群の飄逸《ひょういつ》さのことで蛇足。後日、父親参観日で、このお父さんが来たら、あまりにも秀樹君に似ている（本人よりもっと本人らしい）。一人、また一人と、何とはなく近寄って行っては「ウワァー、秀樹君に似とるッ！」としげしげ眺めている。困ったような顔をして「あのなァ、秀樹がおれに似とるんだぞ」と言ってはいるが、どう見てもお父さんが秀樹君に似ているのだ。秀樹君が大人になったら、きっとこうなるのだろうなあ。

5　先生だけがすべてではない

猫語だけで生活している　秋頃生まれた猫の子が一匹、親猫と暮らしている。この親猫を育てるときは、手をかけて躾をしたが、この子猫が育つときは、人間のほうの都合もあって、親猫にまかせきりになってしまった。たまに声をかけ手をかけようとしても、子猫のほうでかたくなに拒絶する。この頃では、人間のいるところへは一匹では出てこない。野性の小動物のような目をしており、人が近づけばすばやく逃げる。

この親がまた格別に子煩悩らしく、一人前に餌も食べ、生活ができるようになってからも、何くれとなく世話をし、相手になっている。親猫が人間にこびて獲得した餌を当然のように食べており、親猫とはベタベタ甘えていても、人間には甘えてこない。「こんな野性の猫じゃ、ペットとして飼う必要がないねエ」と、あまりの独善に腹立たしい思いで苦笑している。

同じ仲間での共通語　この子猫にとっては、親猫とだけ猫語でしゃべっておれば暮らしていける。だから人間語を覚える必要はないのであろう。

これと同じように、子どもたちが、子ども同士の共通語で夢中になっているときは、大人の普通の言葉が通じないことがある。テレビのマンガの世界にどっぷりと浸っていて、マンガ語の次元で暮らしていると、うちの人の人間語がうまく通じない経験はどこにもあるでしょう。周波数がちがうと、音としては聞こえていても、声としては聞いていない。

若者は若者の価値観とそれを表わす若者言葉で暮らしているから、中高年者の価値観で話をしても通じないし、若者言葉は中高年者には言葉として通用しないことがある。若者がワァワァキャアキャアと乗りに乗っている今風の音楽が、中高年者には歌詞も聞き取れないし、心地よい音楽として響いてこない。こうした現象は随所に起きている。

他を拒絶する　小中学生、特に小学生は、クラスの担任の先生の声だけに周波数を合わせている。合わせていないと暮らせない。下手《へた》に合わせそこなった子は、先生やまわりの者から異端者扱いされることになる。

〝たまに勉強をみるのですが、まるで理解できていなくてびっくりすることがあります。何とかしてわからせようとするのですが、じきに「先生はそんなことを言わなかった」とか言いだして興奮しだして、聞いてくれません。そのうちに私のほうもカッカとしてきて、泣きだすやら、怒りだすやらになり、だめなお母さんだと反省させられます。何かいい方法はないでしょうか〟

一番いい方法は、学校でわからせてしまえばいいわけだ。まるで理解できないというのは先生のせいであるが、うちの人にしてみれば、子どものせいや学校のせいばかりにはしてはいられない。うちの人の言葉も受け入れてくれとの祈るような気持ちだ。先生は先生のやり方、うちはうちのやり方でいいのだ。お前はお前のやり方をつかみ、頭に入ってしまえばお前のものなのだから。そんなに先生の「どうせよこうせよ」にこだわらなくていいのだ――と。

先生だけがすべてではない　「先生はそんなことを言わなかった」は、めんどうな勉強やうちの人から逃れるための方便ではあるが、また一面では、先生の言葉だけに周波数を合わせていれば、学校生活は安泰であるという、気持ちの現われでもある。

いじめ・盗み・健康安全に関わることなど、「今から言うことは、ひらさわ個人の声ではない。天の声と思え。疑ったり割り引いたりしないでそのまま聞き取り、そのままを実行せよ。学校ばかりでなく、世の中へ出ても、いつでもどこでも通用する真理だからな」と絶対命令・絶対服従を誓わせ強制することがある。

各自の好みの周波数で聞き取ってもらっては困るのだとする一方で、「ここはなア、自分なりに聞き取っていいのだよ」とか、「自分のやり方、自分の考えを立てながら聞き取り実行しなくてはならないのだからね」と指導する。

〝わけ登る麓の道は異なれど同じ高嶺の月を見るかな〟で核心への迫り方、とりかかり口は幾通りもある。「今、先生の言っていることは、まちがってはいないが、これだけがすべてではないのだよ。うちの人の言葉もご近所のおじさんおばさんの言葉も、それぞれ正しいのだから聞く耳を持たなくてはね」という余裕のある指導で、子どもたちの豊かな心を開発していきたいものだ。

6　通知表――この子になりきって振り返る機会に

公式記録の通知　通知表は、かつては学校から家庭へ通知される唯一の公式記録であり、権威のあるものであった。明治三十年代の通知表を見ると、その子の成績・操行の記録のほかに、手洗いの励行・伝染病予防の心得など仰々しく通知されていて、学校が、家庭や社会の指導的役割を担っていたことがわかる。

今は、通知表に書くほどの重要なことなら学期末を待たずに、普段に次々と家庭連絡をするので、通知表の存在は軽くなっている。学校によっては、いわゆる通知表は出さないところもあったりするが、それでも学業の成果や行動の記録は何らかの形で家庭に知らされるようにはなっている。

中学・高校では次の進路選択の手がかりになるので、到達目標については、どのくらいの到達状況か（絶対評価）や、クラスや学年で何番目ぐらいか（相対評価）は、本人がつかめるように伝えなくてはならない。

本当の姿は　普段の家庭連絡では、「お宅のお子さんは学校生活において、これこれですよ」と、あくまでも学校・先生の立場からなされている。先生の言うことが聞けるかどうかだ。

これに対して、各学期末の通知表のときぐらいは、学校とか先生とかの立場をいったん棚上げにして、思いきりこの子になりきって学校生活を振り返る機会ともしたい。

さて、成績をつけよう、と一人ずつ通知表と向き合うと、この子の本当の姿は何なのだろうと頭を抱え込んでしまう。いつもチラチラと見えているだけが、この人間ではないだろう。もっと本質的なものがどこかにあるはずだが。……と考え込んでしまう。

先生への評定　教員駆け出しの頃や、生徒と心が離れていると感じたり、自信が持てないときは、手当たり次第にアンケートをとったり、意見や要望を書かせた。意地悪く（生徒のほうではそんなつもりではなくても）、弱点を突かれて腹が立ったり弁解したくなったりしても、すべて耐えることにし、どんなことを書かれても、書いた生徒を色眼鏡で見ないことにした。

通知表を書く頃も、その場その場で思いつく項目を取り上げて手軽に調査する。この授業では自分の持てる力を存分に発揮していると思うか。何パーセント発揮しているか。どうしてそうなっているか。――などを調査し、子どもの意識をつかむようにする。

記述式であったり、答えをいくつも用意しておいて選ばせたり、何も考えがなければ白紙回答でもよしとする。むろん、どんな回答をしても回答者には責任は一切とらせないとの信頼関係の上でのことである。

この子の授業での取り組む姿勢だけが独立して存在しているのではなく、先生の授業の仕方と裏腹の関係になっているので、この両面が見えてくるまで、私は角度を変えて二度でも三度でも回答してもらうことにしていた。

うちでの協力も限度がある　一人ひとりに的確な所見が書けたなァと思って（こういうときは自己満足するのだが）読み返すと、「勉強すればよくなる」と書いてあって、失笑することがある。こんなことを書かれたって、うちではどうすることもできなくて困るだろうなァと。

「すれば」などと言っていないで、先生に預けてあるんだから、学校で存分にやらせてくれりゃあいいじゃないの。うちは勉強させるプロではないんだからねェ。

算数三角形の性質がわかる。バツ。国語漢字を覚えた。バッとやってみて何になるか。バツをつけていないで、わからせればいい、覚えさせればいいことだから、先生のせいになる。しかし、やるのは生徒なのだからと、生徒のせいにして、理解のできなかった子を理解バツ、と判定する。これをもらってうちへ帰って、うちの人はどうすればいいのだ？　あんなに頑張って、うちと学校を行き来したのだから、この努力を認めてやらなくてはなるまい。

多くの場合、お陰なことに、うちでも子どものほうも、先生が気にするほどには気にしても、すぐにどうなるものでもないと見てくれるので助かるのだが。学校の成績がそのまま世の中を生き抜いていく力にはならないことを、親も世の中の人も体験的に知ってはいるし、わかってはいる。しかし、それに甘えて先生の側の責任は棚上げにして、生徒の側ばかりに責任をとらせるようなものにはしたくない。現状を大いに認めた上で、今後どうするかを心を込めて通知したい。親と子と先生との信頼関係が成り立っていれば、「そうかそうか、うちの子は先生の目にはこんなふうに映るのだな」と納得してもらえるであろう。

7　家庭連絡は、この子たちだ！

学級だより　学校からのおたよりを見ると、あんなにしっかりしたいい字を書く子があるのに、うちの子ときたら、まるっきり形にもなっていなくて……云々と、一年生のお母さんたちの話。いい字が書けるようになった子の賞賛や、ほかの子たちへの目標ともなり奨励ともなるようにと、コピーして「学級だより」に取り上げる。

学校と家庭との連絡を密にすることによって、教育効果を高めようと「おたより」を発行し、担任の意図の伝達周知を図る。「おたより」が学校学級の全体の動きを伝えるのに対して、個々の子の様子は、子どもに持たせてある「連絡帳」を活用する。その日の時間割や持ち物がメモされたページの余白に、親なり先生なりがその都度、必要事項をメモする。時に子どもに内緒のことは封書もあるが。

毎日発行　一年生のはじめの頃や、担任の替わった四月の頃は、連絡すべきこともあるし、うちでも学校の様子を知りたいので、次々と「学級だより」を出す。特に一年生の四月は、明日のことを今日下校するまでに印刷して持ち帰らせなくてはならない。

そのためには前日の晩から準備をしていて、今日の出来事をサッと書き加えて渡す。この緊迫感は、子どもとの取り組みとはまた一味ちがった快いもので、素晴らしい教育効果を上げているような自己満足に陥る。

そこで、毎日の発行ともなると明日の持ち物や授業の予告連絡だけでは紙面が埋まらないので、担任の授業観やこんな子にしたい、こんなクラスにしたいなどが次々と語られることになる。毎日の出来事の中から、うまくいっている子の姿が語られ、うまくない子の姿は匿名で語られる。

一年間「おたより」を書きつづけて、こんな素晴らしい教育をしたと、世間で耳にするので、毎日やらない担任は怠けているような気になるが、よほど好条件がそろわないかぎり毎日というわけにはいかない。毎日発行という形が先走らないほうがいい。

毎日夢中で実践していることの中から、全員の家庭へ伝えるべき価値のある事例を心に留めることは並大抵のことではできない。さらに文章にまとめる時間を生み出すのもかなりの無理がいる。子どもたちが次々と「せんせい、なんとか……」と訴えてきても、「今おたよりを書いているので、また後で……ね」などという、とんでもない勘ちがいはないにしても、それに近い状態にしないかぎり、時間が生み出せない日もあるはずだ。

つぶやき　一年生五月二日付の「学級だより」担任所見欄（私が初めて一年生を担任して、物珍しくて毎日のように書いていた）。その一例。

入学して一か月、学校の勉強にも慣れてきて、「なあんだ、勉強なんてこんなものか」と見くびったような態度が見えてきました。先日の参観日にひとりのお母さんから「学校は勉強ばかりでおもしろくない」と、この頃子どもがつぶやいているとの話がありました。一年生の勉強なんて遊んでいるようなものかもしれませんが、子どもにとっては苦労なことなんですね。連休中は宿題なしにしますので、思う存分遊ばせてください。……云々……

生きた連絡物体　この子は、クラスの中でも、最も楽しんで学習に取り組んでいる生徒の一人だったので、このお母さんの発言はショックだった。あんなにおもしろくやらせているつもりだったのに、子どもたちにとっては苦しいことだったのだと気づかされた。もう一つ、このお母さんの発言から、毎日盛んに発行している「おたより」よりも、もっともっとリアルに学校の様子を伝えている〝連絡物体（手段）〟があったことに気づかされたのである。

真新しいランドセルに美しい絵本のような教科書を入れて、どんなにかあこがれて登校してきたことでしょう。そうして一か月経ってきたら、読めとか書けとか言いつかるだけで、おもしろくも何ともない実情を、どんな「学級だより」よりもわかりやすく家庭へ伝えている。

紙に書いて持たせるよりも、もっともっとこの生身の連絡手段を活用すべきだ。学校とはこんなにいいところ、向上するとはこんなに嬉しいことだ、を紙に書いているひまがあったら、この連絡体（手段、媒体）にいっぱい刻みつけ彫り込んで、うちへ帰してやればよい。紙でのおたよりは二の次だ。

8　卒業式は、ひとつの終わりの始まり、次への出発です

卒業式の次の日　私が教師として初めて、四二名の中学一年生の担任になってから三年間、このクラスを持ち上げて卒業になったときのことである。

高校入試に向けての準備やら、中卒での就職の手配やら、初めてのことばかりなので、先輩に教わりながら落ち度のないようにと緊張しきっていた。卒業式があり、次の日は残務整理で一切をやり終えた。異動だったので、この日をかぎりに学校へ出なくてもいいようになっていた。が、次の日も何とはなく学校へ行ってみた。

新年度準備の仕事は分担されていないのだから、やることがない。教室に入っても用がない。

「おれが学校に来ているのに、どうして生徒は来ないのだろう。昨日までやっていた生徒とのつき合いはしなくていいのだろうか」と考え込んでしまった。

そして、空っぽになってしまった　淋しいなどというより、何かとてつもなくうつろな気分だ。卒業とは、生徒にとっては次への出発なのだから、もう中学校のほうなどを向いているひまはない。別れとは、こういうものなのだ。おれはこの生徒たちについていくのではない。……といくらつぶやいても、うつろな気持ちはますます深まるばかりだ。

この三年間、毎日の出会いが未経験なことばかりなので、指導するとか教えるなどという意識はとっくの昔になくなっていて、ただただ生徒といっしょにその日その日を過ごしてきた。が、ある日突然に、全くの真空となってしまった。生まれてこの方、身につけてきた知恵も力もすべてを出し尽くしてしまって、すっかり空っぽになってしまい、もう何にもない。生まれ直してもう一度、小中学校で学び直さない限り、先生としてのアイディアはおろか、自分を活かしていく気力すら出ないのではないかという状態であった。

比べる　こんなうつろな思いのままで、一週間後には新任地の中学校の教壇に立っていた。喜々として心を込めてとはほど遠い夢うつつの思いでやっているので、何かにつけて「前の衆なら、こんな注意をしなくてもうまくやっていくのに。「おんなじことを繰り返しているだけだなあ」とつい先日までの教室がよみがえる。三年前には、先生の仕事とは何をどうするかも知らずに白紙の状態で中学一年生と向き合った。ところが今は、この眼前の生徒と私とは初めての白紙の対決であるはずなのに、私のほうは白紙になれない。

オレはベテラン教師（中学三か年の教育のことは何でも知っている）、お前は学校の生徒（中学三か年がどうなるか、何にも知らない）だから、オレの言う通りに従っていればいいのだ。と、どこかにこんな横柄な気持ちがあり、かなり危険な状態だった。

教育工場の教育ロボット　そうこうして、一か月二か月と経っていったら、眼前の一人ひとりがいつの間にか私自身の問題だと感じるようになっていって、あのとてつもない空虚さは消えていった。が、心の片隅には、あの三年前の初めて担任させてもらって生徒一人ひとりと「共に苦しみ・共に喜ぶ」の心境と、どこかでちょっとちがっている気がして、〝無〟になりきれない自分が哀れだった。

この生徒たちが二十歳になったばかりの頃の同級会に呼ばれて、「実はなア、みなさんと出会った頃は、前の衆と比べてばかりいて、いい先生じゃなかったんな」と、謝罪のつもりでしゃべりだしたら、一人二人から猛烈に叱責された。

「何言っとるんな！　私たちには、私たちに与えるべきものを精一杯与えていたじゃないの。だからみんな、こうして楽しみで集まってきているじゃないの」と。この激しい叱責を受けて、私は教師として生きていくべき自覚ができたようだ。先生とは教育をする機械（教育ロボット）ではない。

生徒のことは何もかも知り尽くしており、その指導のしかたもすべてインプットされていて動くようになっている教育ロボットではない。「学びの場」としての学校で、私という人間と、「人間として」の生徒一人ひとりとが、同一の平面で向き合う、いわば「学びの場」を共有しているということに他ならない。

私という人間が誰ちゃん、何君という人間と対面することなのだ。彼ら・彼女らも人生初めての経験であり、私もこの眼前の生徒とは私の人生で初めての出会いである。これまでの経験は、これまでの人とのことであって、この今対決しているこの生徒とは無関係である。

新しい人と出会える喜び

卒業式では、私の宝物を奪われるような、うつろな気にはなったが、また一方で、この私という人間のくせ（限界）から解放されていくことはよいことだと思った。広い世界で、それぞれの持ち味を存分に発揮していってくれと心で叫びながら別れることができるようになった。

四月からは、また新しい私の人生経験をするのだ。ベテランとなって繰り返しの作業をするのではないとつぶやくことで勇気をわかせた。次に出会える人は、どんな人なのだろうと期待に胸をふくらませながら、新年度を迎える準備に取りかかっていったのである。

おわりに　教育とは、子どもを大事に育てることなんでしょうね。

生徒ひとりひとりの中に、私と同じものをみつけて安堵し、同じもの以上の良さ、凄さ、逞しさを感じて「俺以上になれよ」と教卓から、子どもたちの顔を見詰めてきた。

小学校五、六年を担任した教え子たち二、三人と、その友人一、二人とで、楽しく一杯をやっていたときのこと。友人の一人から、「お前たちは、先生と生徒という関係じゃないなァ」という発言があった。

「そうさ。この先生はなァ、オラアたちに漫画本を持って来ていいと言うような先生だったからな」と。――持って来ていいなどと言った覚えはないぞ――。と苦笑しながら胸のうちでつぶやいていた。

教育論は人口の数だけ、それ以上に存在する。日記を書け。宿題をやれ。読書をせよ。漫画本は持って来るな。廊下を走るな。下校時刻を守れ。などなど。

「するとよい」論は無限に成立するが、それに対して「やらなくてよい」論は立てにくい。「するとよい」論だけを押し通すことができれば、悩んだり苦しんだりすることはない。

でも、この子を見ていると「するとよい」だけを押し通せないときがある。押し通し続ければ、この子はダメになり、クラスの人間関係は不明朗になりそうなことがある。そんな場合は、いくら正論、いくら常識であっても、ひっこめなくてはならないと悩む。「やらせるといいのだが、今はできない」というぎりぎりのせめぎ合いの次元のことである。

本書は、この「するとよい」のところを押し通せなかった事例が随所に取り上げてある。「しなくてよい」とは言えないまでも、「したくてもできなかった」事例である。これでよかったか、まずかったかと己に問われるところである。が、教育は実験ができない。その子とその先生（親）との人生で一回限りの対決である。

どこまで許容し、どこまで強制するかは、生身の人間、教師（親の場合も）その人の判断にゆだねられる。ここに取り上げたような事例は、日常どこにでも発生している。どうか読者の皆さんの身のまわりの出来事として考えていってほしいと願うものである。

子どもたち、生徒たちにとっては、「楽しいから学校へ行く」であるが、教師としての私は、この生徒の期待に真っすぐに応えていたであろうか。あるいは応えられていたであろうか。

そのような学びの場において、「楽しい」の中身を点検すると次のようになる。

【イ】 自己伸長を実感できる喜び（本然）

・学力が向上し、気力・体力・精神力が鍛えられていく実感がある。
【ロ】 個性を発揮できる。
・やりたいことをやって、まわりに迷惑をかけない限界を会得していく。
【ハ】 教室で、（家庭で・世の中で）自己の存在がきちんと位置づいている。
・安心していられる。 ・他の人も正しく位置づけてやれる。

これが保障され、実現されていることが、子どもを大事に育てることではないかと思いながら教室に立ち、実践してきたつもりである。こんなえらそうなことが言えるのも、教室で出会った生徒の皆さんに「せんせえー、もっとこうするといいよ」と教えられ、鍛えられたからである。思うように指導ができなくて落ちこんだときなどは、いつも「出藍《しゅつらん》の誉《ほまれ》」（青《あお》は藍《あい》より出《い》で藍《あい》より青《あお》し）にすがってきた。生徒は私の上を越えていけばいいのだと思うことで自分を元気づけてきたようです。（この故事成語の意味は後述します）

今回この出版の話が出た時から、自分のことのように喜んでくれている教え子の皆さんには、ずっと今日まで何かと励ましてもらっている。退職のときは、百人余も集って「ご苦労さま」の会を開いてくれた。その時以来、続いている『教え子拡大同窓会・平沢ポイズンの会』を感謝の気持ちを込めて紹介します。

「平沢義郎先生退職記念レセプション・平沢ポイズンの会」……今回は退職記念の名目で集まり

を持ちましたが、今後は先生を媒介として、異なった年齢の教え子の集まりを発足します。平沢先生から影響をうけたことを、〝毒にあたった〟という人たちがいて、『ポイズンの会』と名づけました。……会長濵經芳（岡谷西部中・平沢担任第一回生）、事務局倉田夫妻、英一（同第一回生）、志津子（飯田東中・平沢担任第二回生）

❖拡大同窓会・設立の提案　東海林真（竜丘小）……だとすると竜丘東組以外でも、先生の教え子であれば、おそらく感性は似ているのではないか……もうひとつは、卒業式に我々に言った「先生に新しい担任を持たないで欲しいと言われるがそういうわけにもいかない」という言葉によります。おそらく自分たちの先生が他の生徒に取られたくない気持ちがあって、誰かが先生に言った……（その時の自分の気持ちもそうだったのでよくおぼえている）……そこで大人になった今としては、自分たちの先生であってもらうためには、竜丘東組だけでなく平沢先生教え子全体の集合となれば、先生は自分たちのものになる訳だから……。

❖平沢先生へ　平賀美奈子（竜丘小）……　〝平沢ポイズンの会〟いい名前ですね。平沢ポイズンを「薬」にして、もっともっと成長していきたい……平沢ポイズンは、私たち生徒ひとりひとりの内側に生きづき、確実に成長し、それぞれの持ち味で花開くと思います。それはまさしく平沢先生が「教えたあかし」であり、生きた現実であると思います。平沢ポイズンは空にして普遍の存在であり、満にして確たる実在であり、我々教え子の内を流れ、内を満たし、外へ流れ、外へ輝く。

このようなことを語りたかったのは、荀子《じゅんし》、勧学の語にある〝出藍《しゅつらん》の誉《ほまれ》〟（もとのものよりもすぐれる。教えを受けた者［弟子］が教えた師よりもすぐれている）まさにそのものだと言いたいからである。折々に顔を合わす彼ら・彼女らは、それぞれが、今を生きている姿を確かめ合い、認め合っている。互いに言いたいことを言い合い、しかも傷つくことのない仲で会話を楽しんでいて、羨ましくもなる。こんなふうに育っていることが、嬉しいやら、ありがたいやら。教師人生、生涯現役教員は、わるくないなあと。

初出稿は『南信州新聞』（長野県飯田市）に連載した「私の教育論――常識の中の落し穴」（一九九九年～二〇〇一年）を大幅に補・加筆して、一書としたものです。お世話になった同新聞社社長の関谷邦彦さん、そして担当記者の小田嶋正勝さんに、ここに記して感謝を申し上げます。

最後に、出版につき、人文書館の道川文夫さんには、わたくし以上に、この文を理解していただき、お導きくださいました。ありがとうございます。

なお、出版のきっかけをつくってくれた元信濃毎日新聞論説委員の三島利徳さん、同論説委員の横内房寿君（岡谷西部中・平沢担任第一回生）。そして、人文書館のみなさん、また小さなさし絵を寄せてくださった足立みどりさん（加茂小）、それぞれの方々に心からお礼を申し上げます。

二〇一四年　初夏の日に　信州飯田にて

平沢義郎

カバー装画 『ひとりの王国』 高山ケンタ
油彩・カンヴァスボード
一六〇×一二五ミリ、二〇〇〇年

カバーソデ写真 平沢義郎
カット 平沢義郎／足立みどり
大扉題字（一部） 平沢義郎

編集 多賀谷典子／道川龍太郎
田中美穂

平沢義郎 …ひらさわ・よしろう…

1935（昭和10）年、長野県飯田市生まれ。
県立飯田高校を経て信州大学教育学部中学校課程を卒業。
以後、長野県内小・中学校に奉職。学級担任を務める。
現在、「教育相談 平沢塾」塾長、教育家。

せんせぇ！──なんなァ
呼んだだけな。
私たちの学びの場から

発行 二〇一四年六月一〇日 初版第一刷発行

著者 平沢義郎
発行者 道川文夫
発行所 人文書館
〒一五一-〇〇六四
東京都渋谷区上原一丁目四七番五号
電話 〇三-五四五三-二〇〇一（編集）
〇三-五四五三-二〇一一（営業）
電送 〇三-五四五三-二〇〇四
http://www.zinbun-shokan.co.jp

ブックデザイン 仁川範子

印刷・製本 信毎書籍印刷株式会社

乱丁・落丁本は、ご面倒ですが小社読者係宛にお送り下さい。
送料は小社負担にてお取替えいたします。

ISBN 978-4-903174-30-3
Printed in Japan